當代美學叢書 6

中西建築美學比較研究

余 東 升／著

洪葉文化事業有限公司　　印行

中西藥學比較研究

序

周來祥

　　余東升君的《中西建築美學比較研究》就要出版
了，他寫信告訴我這個喜訊，並請我為之作序。我慨然
應允，因為他是我的學生，這是我應盡的責任。

　　東升君是一個沉默寡言的人，也是一個埋頭苦幹的
人。碩士研究生面壁三年，不聲不響，選擇了建築美學
這個很少有人研究的領域，作為自己的研究方向，最後
捧出了他的畢業論文《中國古代建築美學》。這使我驚
訝，令我欣喜。

　　現在東升君又在他碩士論文的基礎上，加強中西建
築美學的對比研究，寫出了這部開創性的論著，更值得
向學術界推薦。過去有人曾說，中國有泥瓦匠，卻沒有
建築師。也有人說中國有很高的建築藝術，但卻沒有系
統的建築美學。但現在終於有人來從事系統的研究，並
結出了第一顆豐碩的果實。雖然它還需要不斷發展，但
總是有了我們中國的建築美學。我相信中國的建築美學
定會迅速地成長起來，開出更燦爛、更輝煌的花朵。

　　祝賀東升君美學成果的出版，預祝東升君取得更多

更大的成就。

1991年10月29日

於泉城知不足書齋

目 錄

序　周來祥 ·· i

第一章　引論：建築美學及其比較研究 ········ 1

　第一節　建築美學的基本原理 ··············· 3

　一、建築藝術的特性 ························· 3

　二、建築藝術的審美本質 ··················· 11

　第二節　中西建築美學比較研究的幾項原則···

　·· 18

　一、比較的對象和範圍 ····················· 18

　二、建築美學研究的比較方法 ············· 23

第二章　建築美的特徵：和諧 ················ 29

　第一節　基本性質 ··························· 31

　一、藝術美的歷史發展與建築美 ··········· 31

　二、中西建築藝術的和諧美特徵 ··········· 35

　三、建築和諧美的具體表現 ················ 56

　四、建築和諧美中的非和諧因素 ··········· 67

　第二節　技術與和諧美 ····················· 71

第三章　建築美的發展：內和外 ············· 79

第一節 共同的起點 ……………………… 82

第二節 中國建築：向外部空間的擴展 …… 88

一、庭院——基本的意念 ……………… 89

二、空間表現的藝術 …………………… 93

三、三種形式 …………………………… 97

第三節 西方建築：轉向內部空間的表現 ……

………………………………………115

一、歷史發展 …………………………… 116

二、組織形式和藝術表現 ……………… 129

第四章 建築美的表現：動和靜 ……… 135

第一節 立面與平面 …………………… 137

一、單體建築與羣體建築 ……………… 137

二、平面與立面 ………………………… 141

第二節 兩種藝術時空觀 ……………… 145

一、時空統一與時空分割 ……………… 145

二、經驗時空與邏輯時空 ……………… 153

第三節 建築藝術的時空表現 ………… 159

一、以靜態為特徵的西方建築 ………… 159

二、中國建築的動與靜 ………………… 165

第五章 建築美的尺度：神與人 ……… 173

第一節 尺度：建築與人之關係 ……… 176

一、尺度與結構、功能及文化 ………… 177

二、形成尺度感的幾種方式 …………… 180

三、兩種尺度 …………………………………… 183

第二節　中國建築：人的尺度 …………… 185

一、平面的展開與人的尺度 ……… 187

二、典型的人居環境 …………………… 191

三、超人的尺度：王權的象徵 …… 196

第三節　西方建築：神的尺度 …………… 198

一、古羅馬建築的超人的尺度 …… 199

二、中世紀宗教建築的神的尺度 ……… 202

三、古希臘與文藝復興時建築的人的尺度 …205

第六章　建築美的精神：科學與人文 ……… 209

第一節　影響建築美表現的兩種力量 …… 211

一、科學技術對建築美表現的作用 ……… 212

二、人文精神對建築美表現的作用 ……… 214

第二節　中國建築的人本傾向 …………… 218

一、建築的人本主義 …………………… 218

二、詩意化、倫理化的庭院 ……… 221

三、建築與倫理秩序 …………………… 224

四、人本精神對中國建築美發展的制約 …… 226

第三節　西方建築與科學精神 …………… 230

一、古代科學技術對建築美觀念的影響 …… 230

二、科學技術革命與西方建築藝術語言的發展

………………………………………234

第七章　建築美與藝術：雕刻、音樂與詩歌、

繪畫 …………………………………………… 241

第一節　建築的藝術形態學 ………………… 243

一、建築在藝術形態學中的地位 ………… 243

二、典型藝術對建築藝術的影響 ………… 246

第二節　中國建築與詩歌、繪畫 ………… 250

一、中國建築的藝術精神 ………………… 250

二、建築與工藝 …………………………… 253

三、詩、畫與園林共同的美學精神 ……… 256

第三節　西方建築與雕刻、音樂 ………… 265

一、建築與雕刻──古典主義的和諧美 …… 265

二、凝固的音樂──浪漫主義的傾向 ……… 271

三、雕刻、音樂與西方建築的空間藝術 …… 277

第四節　建築與藝術美學史 ……………… 279

一、藝術美學史沒有中斷 ………………… 280

二、建築與中國藝術美學史 ……………… 281

三、哥德式教堂建築在西方藝術美學史上的意

義 ……………………………………… 286

第八章　繼承與創新──中國建築與西方現

代、後現代派建築 ……………… 293

第一節　中國傳統建築的斷層及其精華 … 296

一、中國古代建築的斷層 ………………… 296

二、中國傳統建築的精華 ………………… 299

第二節　從現代主義到後現代主義的西方建築

·······································324
一、建築的全面革新·················304
二、現代主義建築的基本特徵 ·······306
三、走向後現代主義·················313
第三節　中國傳統建築走向現代化的方向······
　　　·························318
一、整體的文化觀念：在傳統與現代、民族與
　　世界文化之間尋求聯繫 ·············319
二、西方現代、後現代派建築的啓示········323
三、中國傳統建築的創造性發展 ··········329

第一章

引論：建築美學及其
比較研究

　　建築的目的有很多，影響建築的因素也很多，因而衡量其成功的標準也有很多。一般來說，它的基本功能是爲了滿足人們物質功能方面的需求。這就使得建築作爲一門藝術，具有不同於其他藝術形式的複雜特徵。這種複雜特性也決定了建築美學的複雜性，相應地，也就增加了中西建築美學比較研究的複雜性。因此，在進行中西建築美學比較研究之前，首先有必要對建築美學的一般原理，以及比較研究的對象、範圍、基本原則，作一般性的概說。

第一節　建築美學的基本原理

一、　建築藝術的特性

　　建築作爲一門藝術，遠沒有小說、詩歌、戲劇、繪畫等藝術形式那麼「純」，因爲後者是直接爲了滿足人類精神上的審美要求而進行的創造活動。而建築則自始至終包含著強烈的物質功能的目的，是爲了滿足人類功利要求而進行的創造活動。尤其是在早期的人類建築活

動當中，功能的要求佔據著絕對統治地位，支配著人類的整個建築創造活動。《周易》就有這樣的文字：

> 上古穴居而野處，後世聖人易之以宮室，上棟下宇，以待風雨①。

墨子認爲：

> 古之民，未知爲宮室時，就陵阜而居，穴而處，下潤濕傷民，故聖王作爲宮室。爲宮室之法，曰：「室高足以避潤濕，邊足以圉風寒，上足以待雪霜雨露，宮墻之高，足以別男女之禮。」謹此則止②。

古人對建築功能性的過分強調是顯而易見的。即使當人們擺脫了簡單的物質功能要求的束縛以後，也就是說，當功能要求再也不是建築的唯一目的時，建築也不可能像其他藝術形式一樣，成爲一種純粹的藝術活動。由此可見，第一，並不是所有的建築都是藝術作品，從而具有藝術的審美價值。原始人居住的洞穴、草棚、巢居，也許可以視爲最初萌芽狀態下的建築，但它們卻不是建築藝術，並不具備審美意義。建築的開端，並不等於建築藝術的開端，更不等於建築美學的開端。同樣

地，有些建築，僅僅是出於功能的要求，儘管它在技術上無可指責，甚至達到了相當高的水準，但並不一定具有審美意義；第二，即使是某些具有很高藝術水準的建築，其藝術的、審美的因素也還祇是建築衆多目的當中的一個方面，除此之外，建築還涉及結構、功能、材料、社會、文化等等方面的內容。不存在僅僅是爲了滿足精神需要而進行的建築（紀念性建築是例外），也不存在純粹的建築藝術。

既然建築是以功能要求爲主要目的，那麼，爲什麼建築又會成爲藝術，成爲人們的審美對象呢？

馬克思在《資本論》中指出：「蜜蜂用蠟來造蜂房，使許多人類建築師都感到慚愧。但是就是連最拙劣的建築師也比最靈巧的蜜蜂要高明，因爲建築師在著手用蠟來營造蜂房之前，就已經在頭腦裏把那蜂房構成了」③。人與動物的區別就在於，動物是按本能進行生活動，而人類的活動則是有意識的創造活動。作爲有意識的創造活動，其重要特點之一就在於，它懂得如何按照美的規律來塑造。也就是說，審美的要求不僅僅是體現在精神活動之中，而且也體現在物質活動領域之中。這樣，審美要求也就必然地要滲透到以功能爲主要目的的建築創造之中，從而把功能與審美完美地統一起來。因此，建築也必然會體現出美的創造規律以及美的發展規律，也就具有了審美價值。尤其是當人類擺脫了

簡單的、直接的物質功能要求（主要是指維持人類生存
的吃、穿、住等基本要求）的束縛之後，由於人類改造
自然、征服自然能力的提高，人的世界也就越來越豐
富，這種審美要求在建築中也就應該佔據著越來越重要
的地位。這樣一來，建築就不僅僅只是倫理實踐的對象
（主要是爲了滿足物質功利的需求），同時，它也成爲
人類的審美對象。

　　如同我們一開始就已指出的，建築並不是一種純藝
術，也不是一種單純的審美對象。這樣，就很自然地要
涉及到另一個問題，即建築作爲藝術其審美的因素與其
它非審美的因素——如結構的、材料的、功能的……等
等的關係如何？建築美學要研究建築藝術的審美本質等
問題，那麼，這種研究是不是完全可以撇開其非美學的
因素來進行呢？

　　我們認爲，在審美與非審美的因素之間，很難做出
某種非此即彼的截然畫分。審美與其他非審美因素——
認識的、道德倫理的、宗教的等等——有著千絲萬縷的
聯繫。同樣地，在建築藝術中，建築美與結構的、材料
的、功能的等技術因素，還有社會文化的、道德的、宗
教的、神話傳說、民族習俗等社會因素也有著不可分割
的聯繫。考察建築史得知，一件建築藝術作品，在美學
效果上是完美的，在結構技術上它也必然是完美的。同
時建築美的表現，明顯地受到結構和材料、功能等因素

的制約。一個建築設計，儘管可能具有無與倫比的美學效果，但若沒有相應的結構、材料等技術因素使之付諸實現，那它永遠祇是一紙藍圖而已，而不能成為現實的建築藝術。反過來，建築技術在結構上的發展，材料上的更新，又會為建築藝術的表現提供一種新的更為有效的手段。結構和材料上的發展，實際上，也是建築藝術表現手段的豐富，使得建築師從原有的結構、材料的束縛下解放出來，更自由地表現出自己的主體情感。現代科學技術的發展，使得建築藝術家有可能同其他藝術家一樣，形成自己的藝術個性和獨特的風格。而這則是古代建築藝術家們所難以企及的。

上述觀點，可以從下面的兩個事例的比較中清楚地看出：

首先，結構對建築美的影響。我們知道，西方古典建築很早就從木材料發展成為石材料的建築。不過，在古希臘人那裏，石材料建築明顯地承襲了木材建築的結構技術方式。這種梁柱結構方式所構成的內部空間是有限的，也是簡單的。所以，古希臘建築往往注重於建築外觀造型的美學效果，講究柱式的造型，支撐力與壓力之間的平衡，比例的和諧。均衡、統一、整體的和諧是古希臘建築在美學上追求的目標。而羅馬建築則因為發明了拱券結構，這使得圍護巨大的內部空間成為現實。這時的建築，就不僅僅祇是注重外觀的造型：比例、均

衡、統一等形式美，同時，它還創造了具有強烈藝術效果的內部空間，各種形狀的、富於層次感的空間組合，無疑地豐富了建築藝術的美學效果，爲建築藝術家提供了更多的藝術表現手段。而現代建築中的殼體結構、懸挑結構則爲建築藝術家的表現提供了更大的自由。

其次，我們再從材料上來看，古羅馬建築之所以能夠運用拱券結構，與它採用由天然火山灰製成的混凝土有關。我們知道，混凝土具有流質的特點，這就使得人們可以把它澆鑄成各種形狀的建築構件。顯然，混凝土比木材和石材具有更大的靈活性和自由性。而木材和石材卻具有一定的僵硬性和頑固性，這就在一定程度上束縛了建築藝術的表現力。現代建築運用的鋼筋混凝土材料由於其承受重力的強度大，也使得各種懸挑結構或殼體結構成爲現實。再者，從外觀上來看，木材和石材的質感也不同，也影響到外觀造型的表現。再例如，玻璃在現代建築中的大量運用，使得建築的內外空間相互溝通，豐富建築的空間層次。

黑格爾關於藝術史有一個著名的觀點，即認爲在藝術的發展系列當中，最早的藝術，也是處在最低層次的藝術，往往包含著較多的物質的內容；而較高層次的藝術，則更多地具有精神性的內容。依此標準，他認爲藝術的發展系列，相應地，藝術高低層次排列是：建築→雕刻→繪畫→詩歌→音樂。──如果從藝術形態學的角

度來看，黑格爾的話不無道理。的確，音樂和詩歌的表現手段要遠比建築、雕刻、繪畫要自由，內容也要豐富得多。但是，黑格爾忘記了另一點，即各種藝術的媒介手段也是處在歷史發展之中，現代繪畫、雕刻的語言就遠比古典繪畫、雕刻要豐富，這種媒介方式的發展變化，使得雕刻、繪畫與音樂、詩歌一樣，也可以充分自由地表現著現代人的審美理想。同理，建築藝術固然嚴格地受到結構、材料等技術、物質方面因素的制約，但結構和材料的每一次變革，又無疑地極大地豐富了建築藝術的語言。這也就使得建築藝術美的表達更加豐富多彩。

再者，建築與文化的、倫理的、宗教的等社會因素緊密相聯。西方有句名言，「建築是石頭的歷史」，羅傑・斯各拉頓認為，建築是「政治性最強的藝術形式」④。這些都反映出建築與社會的緊密關係。在中國，建築就明顯地表現出強烈的道德倫理觀念：長幼尊卑、等級秩序、王權至上等等，都在建築中體現出來。在秦皇漢武時代，大興土木，營建了大量的宮殿、苑囿建築羣。在這些建築羣中，有許多建築甚至是在摹仿神話傳說中的東海仙境與蓬萊三島。而這又與秦始皇、漢武帝信奉方術之說緊密相關。中國的宗教建築，無論是道教還是佛教，其選址多在自然風景優美之處，恬靜自然幽遠的景致與佛道二教追求的超塵脫俗、清靜自然的

宗教心境相契合。至於中國的私家園林建築，則典型地反映著封建社會後期文人士大夫的生活情趣和人生態度。在西方，社會的因素也對建築美的表現產生了很大的影響。中世紀的基督教與其教堂建築所採取的形式就有著密切的關係，十字形布局就有著宗教的象徵意義。哥德式教堂建築與基督教否定現實人生嚮往彼岸天國世界的教義精神緊密相關，它往往具有超人的尺度，無論是其外觀造型還是其內部空間，都有著壓抑人的精神的一面。這就與古希臘的神廟建築形成了鮮明的對比。古希臘的神廟雖然也是一種宗教建築，但它運用的是人的尺度，所以顯得典雅、莊重、靜穆。形成這種差異的根本原因也就在於兩種不同的宗教觀，在古希臘人看來，神人同形，神也祇不過是人的一種誇張的表現形式而已，它是世俗的神，有著人一樣的欲望、性格和行為。而在基督教看來，神與人、塵世與天國之間，存在著一道界限分明的鴻溝，人必須禁慾，捨棄塵世的歡樂，才能進入天堂，享受那永恆的幸福。所以，在基督教教堂建築中，神秘、壓抑、渴望昇華是其表現的主要的形式情感。

總之，相對於音樂、詩歌，建築藝術是不自由的藝術，建築藝術家是「帶著鐐銬跳舞」的舞蹈家。結構、材料、功能等技術物質因素和政治、宗教、倫理等社會因素緊緊地制約著建築藝術家審美理想的自由表現。因

此，叔本華認為：「建築藝術家的大功就在於審美的目
的儘管從屬於不相干的目的，仍能貫徹，達成審美的目
的，而這是由於他能夠巧妙地，用多種方式使審美的目
的配合每一實用目的⑤。」的確，把功能的、技術的要
求轉換為審美的完善的要求，這是建築藝術家的驕傲，
也是人類文明程度的標誌。

二、　建築藝術的審美本質

　　建築藝術本身所具有的種種複雜特性，決定了建築
藝術有著特殊的審美本質。

　　西方藝術史傳統上一般都把建築視為造型藝術，也
就是把建築藝術視為雕刻、繪畫的同類。的確，建築也
需要創造直觀的形體，有著符合形式美規律的外觀。從
這一點上來看，建築與雕刻、繪畫有相同性：建築既有
繪畫的二度空間性，也有雕刻的三度空間性。但是，建
築畢竟與雕刻、繪畫有著本質的不同。雕刻、繪畫是一
種再現藝術，它側重於以形體、光線、線條、色彩等藝
術媒介去再現客觀對象，具有明確的形象性，同時，它
也具有確定的社會內容。而建築卻不是這樣，它雖然也
講究形體的創造，但卻不再現具體的客觀對象，它表現
的是幾何形體。它並不反映重大的社會題材，也不直接
體現某種具體的社會內容。相反地，它的內容往往寬

泛、朦朧、不確定，它更側重於形式美的創造，表現的
是形式情感，內容凝固在形式上。所以，建築藝術本質
上是一種表現藝術。所以，建築藝術所表現的時代精神
和審美理想往往具有抽象性和間接性。試比較以《聖
經》為題材的繪畫和哥德式的教堂建築說明之。繪畫多
表現聖母、聖子、基督受難等題材，它再現具體的形象
以引起觀賞者的審美情感以及宗教情緒；而哥德式建築
則以其外觀體量之宏大，裝飾之繁複，以及它那力圖擺
脫地心的引力，向天空升騰的力量；還有其內部空間的
變化，光線強烈的明暗對比，來表現一種對天國的嚮
往，從而引起一種矛盾、衝突、壓抑而又渴求、嚮往的
複雜的情感活動。

　　德國古典美學家們似乎更傾向於另一種看法：「建
築是凝固的音樂」。如謝林、歌德、黑格爾、叔本華等
人都有著類似的說法。在我們看來，這種觀點比把建築
視為造型藝術更符合建築藝術的審美本質。「建築是凝
固的音樂」這句話的內涵極為豐富⑥，比較突出的有以
下三點：第一，建築藝術與音樂藝術一樣，都是表現藝
術，是主體審美情感的直接抒發；第二，由於音樂是時
間的藝術，而建築則是空間的藝術。這樣，這句話所包
含的另一個涵義是，建築是時空統一的藝術，它把時間
上的審美因素：如節奏、韻律、變化、發展等，以空間
的靜態形式表現出來，即把時間轉換為空間；第三，古

希臘有個傳統，即認為宇宙是一種數理結構，宇宙的和諧是一種數學的和諧，如比例、均衡、對稱等，而音樂也是一種數學結構，表現著一定的數學關係；那麼，建築呢？古希臘建築外觀造型的比例是以人體比例為標準的，而人體的比例，古希臘人認為，祇不過是宇宙和諧比例的再現而已。拋開這種觀點內所包含的神秘主義的因素不談，至少有一點是值得注意的，即建築和音樂都與數學有著密切的關係，它們都表現了一種數學上的和諧：比例、均衡、對稱、節奏等。

僅僅把建築藝術的本質定義為表現的藝術，還是不夠的。表現藝術的種類有很多，它們都各有著自己的語言手段。如音樂使用的是音響、旋律，書法運用的是線條，舞蹈運用的是形體。那麼，什麼是建築藝術使用的語言手段呢？

任何建築藝術，我們都必須身臨其境，置身於建築所創造的空間變化之中才能欣賞它。所以，建築藝術所運用的語言手段是空間。作為空間藝術的建築，其表現形式是各式各樣的。首先它可以分為內部空間和外部空間；其次，它還要把時間的因素引入空間藝術，以豐富建築藝術的表現手段，從而做到時間與空間的統一；最後，它還要把客觀的物理空間與視覺空間的變化統一起來。

第一，外部空間與內部空間

所謂建築，無非是利用一定的固體材料創造一個遮蓋風雨陽光以及適應一定的功能需要的空間。這樣，建築的空間就很自然地畫分爲內部空間和外部空間。所謂外部空間，它主要包括三個方面的內容：㈠二度空間的造型（主立面的外觀），即建築必須具有繪畫性；㈡三度空間的立體造型，即建築必須具有雕刻性；㈢單體建築與建築羣之間的協調；建築與自然環境的協調以及城市的布局規畫等。而內部空間則是指單體建築的內部空間的藝術處理，包括空間的形體、分割與過渡、層次變化以及光線對空間變化的影響等等方面。考察建築的歷史，我們會發現，人們首先是注意到建築的主立面的外觀形式美和立體造型的形體美，這也是早期建築藝術的語言手段。由於科學技術的相對低下，古代人還難以形成大面積的內部空間，所以，早期建築的藝術成就主要體現在外部空間的藝術處理上，尤其是建築的外觀造型上。而祇有當新的結構、材料的運用，科學技術的革命，才得以形成大面積的內部空間，相應地，內部空間的藝術表現也發展起來並且日趨成熟。這時的建築既保留了古代建築藝術外部空間的藝術成就，同時又發展了內部空間的藝術。而現代建築，由於新的材料和新的結構的運用，則把內部空間與外部空間的藝術表現結合起來，做到了內外空間的統一。可見，建築藝術空間表現

是越來越豐富。

第二，時間與空間

任何藝術，在表現審美理想時，都各有其長，也各有其短。更何況建築藝術是受到種種限制的藝術。因此，建築僅僅以空間作為自己的語言手段還是不夠的，它必須引入時間這一變量作為空間藝術的輔助手段。因此，建築藝術要求把時間與空間統一起來。大體上來說，統一的方法有兩種。

首先，是把時間轉換為空間，把動態轉換為靜態，這也就是雕刻藝術所常講的化靜為動，以靜態的空間形式來反映時間上的動態變化。我們前面已分析過「建築是凝固的音樂」，其涵義也就在此。建築是把動態的和諧（節奏、韻律）轉化為空間的靜態的和諧（比例、均衡、協調等）。

其次，是把靜態的空間在動態的時間上表現出來。這主要是指建築羣的布局安排，以及風景建築和園林建築藝術中建築與景觀之間協調一致的問題。在古典建築中，常見的方法是以一條中心線索（時間）把各種建築或者景觀組織成為一個有機的整體，這裏，空間的序列是按照時間的秩序來組織的。例如，中國北京的故宮建築羣就是沿中軸線展開的，這樣，各種建築空間之間的相互對比、相互映襯、相互協調，共同形成一個空間整

體。在西方大體量的建築中，其內部空間也講究時空的
統一，講究空間的分割和層次在時間序列上的變化。這
些都是空間在時間上的展開。

第三，物理空間與視覺空間的統一

建築藝術把功能的、結構的要求轉換爲審美的要
求，一個重要的手段就是要把物理的空間轉換爲視覺的
空間。也就是說，建築的空間的創造，僅僅符合技術上
的要求還不夠，它還必須符合視覺審美心理的要求。例
如，建築技術要求在支撐力與壓力之間求得一種靜力平
衡即可，而欣賞心理往往要求上輕下重，即底部較重，
頂部較輕。如果一個建築，採用強度很大的材料，以較
小的底部支撐著較大的頂部，儘管在技術上沒有什麼問
題，但在視覺心理上，它仍然是頭重腳輕、給人以不穩
重、不安全的感覺。正是出於這種視覺心理上的要求，
古希臘建築的柱式基本上是下粗上細，並且在柱與檐之
間加上托板；而中國古代建築則採用向上微翹的飛檐；
此外，中西古代建築都有較爲寬大的臺基。這些，並不
僅僅是爲了技術或功能的要求，而更多的是爲了滿足視
覺心理的審美要求。

再例如，我們知道，中國古代建築的體量並不很
大，也沒有發展高層建築。但故宮建築卻依然能給人以
氣勢磅礴、宏偉莊嚴的感覺；同樣地，中國的古典園林

絕對空間並不大，其佔地面積小則數畝，大則幾十畝，但其中的空間變化之複雜，層次之豐富，景觀之多樣，令人感到驚訝！真正做到了「不出城市而得山林之趣」。究其根源，也就是在於建築藝術家們巧妙地把物理空間轉換爲視覺空間。同樣，在西方建築中，古希臘人很早就注意到運用視覺心理這一現象，如各種柱式變化所形成的向上升騰之勢，再如巴洛克建築大量運用曲線、曲面所形成的強烈的動態感等等，都是與視覺心理相關。

　　建築的語言手段除了空間以外，還包括其它許多因素：例如繪畫藝術所運用的線條和色彩，雕刻藝術的形體，實用藝術的裝飾等；在中國古代建築藝術中，甚至還會運用到文學的語言手段，如常見的楹聯、題匾等，園林建築中的景名、園名、園記等等。但是，這些手段都還祇是輔助性的、次要的，處於從屬性的地位。可見，建築藝術是以空間爲其主要的語言手段，同時，它卻又有著一定的綜合性。

第二節　中西建築美學比較研究的幾項原則

一、　比較的對象和範圍

　　首先，我們界定比較的時間的跨度和地域範圍。

　　我們這裏的中西建築美學比較研究，主要是中西古代建築美學的比較研究，即從古代社會到十八世紀末期。因爲在這一段歷史時期內，中西建築基本上是走著各自的路。到了十九世紀以後，由於西方列強的入侵，西方的工業文明對古老的中國農業文明的強烈衝擊，使中國本土的建築的發展基本上處於停滯的狀態，甚至可以說是處在斷裂層上。這期間，雖然也有過幾次新的探索，但總的來說，是不成功的。這樣，十九世紀以後的中西建築美學的比較，實際上已失去了比較的一方。

　　但是，比較研究也不是機械地按照時間的序列進行的。十九世紀以後的西方建築流派衆多，建築藝術也相應地在不斷地發展。同時，東西方文化的交流，使得中國古代建築開始產生了世界影響。而且西方現代主義建築已經出現了把內部空間與外部空間相統一的傾向，而後現代主義建築則呈現出向古典文化復歸的趨勢。在東

西文化交流、古典與現代重新組合的大文化背景下，又使得從影響和發展的角度，對中國古代建築藝術和西方現代主義、後現代主義建築進行比較提供了可能。同時，這種大文化背景又爲中國傳統建築美學如何跳出傳統的窠臼，走向現代化提供新的背景和機遇。因此，我們的比較研究又可以跨越時間的侷限進行。

再從地域上來看。西方文明發源於古代希臘，經古羅馬帝國、義大利、英國、法國等，完成了由古代文明到近代文明發展的接力賽。所以，西方文明的中心（政治、經濟、文化）是移動的。同樣地，作爲文明中心的標誌，西方建築的中心似乎也有一條與此發展大體相一致的線索，所以，我們所講的西方古代建築主要是指以古希臘、古羅馬、義大利以及法國等國家爲代表的，基本上是西歐地區。從技術上來說，這裏的西方建築是指石質梁柱或拱券結構的古代建築。同樣，這裏所講的中國古代建築，也主要是指代表著中國古代文明發展的中心地域的建築。爲了便於比較研究，那些非代表性地域的建築，如東歐、北歐的建築，還有中國少數民族的建築——儘管也各具特色，有著自己的藝術成就——就不在比較之列了。

美學的比較研究，至少有兩種比較方法：其一，可以從美學史上的論著出發，從範疇、概念的邏輯演繹過程中，去探討不同民族的人們對美的認識的各自特色；

其二，也可以從歷史上大量的審美現象出發，根據人類的審美理想的發展，去探討審美意識歷史發展的不同特色。同樣地，建築美學的比較研究也可以選擇其中某一方法進行：若非從美學理論的角度進行比較，就從審美意識角度進行比較。而選擇何種比較方法，在一定意義上，也就制約了具體的比較的對象範圍；反過來，比較的對象的具體事實，又制約著上述兩種方法的選擇。

還是讓我們來看看中西建築美學歷史的實際情況。

先看中國。首先，建築本身在中國雖然很早就受到重視，在周代就設有專職官員加以管理，但它一直沒有形成一門建築科學。歷代關於建築科學的論述就很少，現存的僅有《考工記》（部分）、《營造法式》、《園冶》等爲數不多的幾部書。其次，美學在中國古代也一直沒有發展成爲一門獨立的科學，儘管有些哲學、文藝學及文藝批評的概念與美學緊密相聯，但它畢竟還不是獨立的美學範疇體系。這也就是說，中國古代美學尙處在前科學階段。

由於建築科學和美學科學發展的不充分，也就很難指望能夠從科學的角度來把握建築藝術的審美本質特徵。因此，也就很難說，中國古代已具有了對建築美學加以科學認識的形式，即建築美學的理論。儘管在《園冶》以及其它的論著中，古人也試圖對這些美學特徵加以科學把握，但還是偏重於直觀的經驗形態——甚至連

這種直觀經驗形態的論述也是爲數不多。

再來看看西方。同中國相比，西方對建築的研究則比較早，也有一定的系統性。如古羅馬的維特魯威的《建築十書》就是一部比較系統的建築科學的論著。文藝復興時期則形成了以阿爾貝蒂等人爲代表的理論研究的高潮。此外，古典主義和啓蒙運動也形成了自己的建築學理論。這些理論儘管不完全是建築美學的理論專著，但其中包含著豐富的建築美學思想。再者，西方的美學理論研究也比中國要充分。因此，我們看到，在謝林、歌德、黑格爾、叔本華等哲學家、美學家那裏，都有著關於建築美學的精闢的論述。特別是黑格爾和叔本華從其美學理論體系出發，從藝術美學的角度對建築的藝術本質以及歷史發展作了有系統的論述。當然，從我們今天的觀點來看，他們的論述主要還是爲了服從其體系的要求，不免有些勉強和偏頗的地方。但建築美學的研究畢竟有了一個較好的開端。

從上述的實際情況出發，非常明顯，中西建築美學的比較研究，不可能從建築美學理論的角度來加以比較。這樣，我們祇能從審美意識的角度來進行比較研究。具體說來，從時代的審美理想出發，對中西建築所體現的審美意識、藝術精神以及表現這種審美意識的藝術手法加以比較研究。

一定時代的審美理想、審美意識首先最直接地體現

在人們的物質生產和精神生產之中，它又是最典型地體
現在藝術作品當中。同時，它又體現在一定的藝術評論
和美學思想及理論當中。這些藝術評論和美學理論是對
時代的審美意識加以總結和概括的結果，是我們進行中
西建築審美意識比較直接的資料。這樣，從審美意識的
角度進行中西建築美學的比較研究，首先涉及到的對象
是大量的中西建築藝術的作品，這是我們比較分析的出
發點。具體地說，它包括古希臘、古羅馬建築、拜占庭
建築、文藝復興時期的義大利建築以及法國古典主義和
啟蒙運動的建築；還有中國古代的宮殿建築、景區宗教
建築、園林建築、城市的布局規畫等等。這裏需要說明
的是，中國古代建築主要是木結構形式，所以，很難經
受得住數千年的風吹雨打，加之戰亂頻繁，天災人禍，
許多著名的古建築早已蕩然無存。可以說，明清以前的
古建築並不多見。不過，中國建築的結構形式比較單
一，相對缺少變化發展，現存的古建築也基本上能反映
出中國古代建築的風貌。再者，加上歷史上文獻資料的
記載以及考古的各種新發現，也足以使我們對古代建築
窺其一斑。其次，我們還必須注意到相關的建築美學的
理論文字資料。這些資料雖不多，內容也比較單薄不成
體系，但它們對建築藝術的審美特徵以及建築藝術所表
現出的審美理想，都有著很好的概括，因而有助於我們
更好地把握中西建築藝術的審美特徵。這也是我們進行

比較研究所不能忽視的內容。

二、　建築美學研究的比較方法

　　黑格爾在《小邏輯》中指出：「比較方法所得出的結果誠然不可缺少，但祇能作爲眞正的概念式知識的預備工作⑦」。這裏，黑格爾把比較的方法視爲一種知性的研究方法（即形而上學的方法），也就是說，比較的方法還不能成爲辯證邏輯思維方法（理性方法），祇是爲辯證邏輯思維做準備工作。

　　誠然，如果僅僅限於在兩事物之間求出簡單的同中之異或者異中之同，比較研究方法的意義還是有限的。但是，一旦把比較方法置於辯證思維方法的指導之下，那麼，比較方法對於任何的學術研究不僅是必要的，而且也將是深刻而有效的方法。比較的方法不能僅僅是爲比較而比較，比較的結論必須爲更高的理論認識所統攝；反過來，在更高的理論指導下運用比較的方法，那將使比較的研究更加深入細緻，進入到對事物更深層次的本質的把握。簡言之，比較研究必須爲探討事物雙方的共同本質和歷史發展規律而服務，反過來，對事物雙方本質和規律的認識，又勢必會深化和發展比較研究的方法。這樣一來，比較研究就不僅僅是對雙方做靜態的孤立的把握，而是把它們置於動態的運動和發展中加以

考察。

　　結合中西建築美學的歷史實際情況，我們來看看在
建築美學領域中比較方法的運用。

　　第一，在比較中尋求共同的美學性質和歷史規律與
在共同的美學性質和歷史規律的指導下尋求各自特徵的
結合。

　　首先，建築美學的比較研究必須以人類審美意識歷
史發展規律爲指導，尋求中西方建築美學所共同具有的
基本性質和歷史發展規律。我們認爲，人類的審美意識
的歷史發展基本上經歷了從古代的自由和諧爲特徵到近
代以對立崇高爲特徵的過程。但是，中西建築是在不同
的文化背景和不同的審美理想的背景下產生和發展的，
因而，在審美意識以及表現方法上必然會顯示出種種的
差異性。我們必須明確這種差異性是質的差異還是量的
差異。這也就是說，我們既要把握中西建築美學所共同
具有的審美理想和歷史發展規律，──因爲它們都受到
古典和諧美的影響，同時又要注意兩者和諧美理想的差
異性，以及歷史發展的差異性。這樣，我們就把比較研
究上升到對本質和規律的把握。

　　其次，建築美學的比較研究又必須在共同的美學本
質和規律的指導下，探討中西不同建築美學的民族特色
以及歷史發展的特色。

　　從總體情況上來看，中西古代建築基本上是在各自

獨立的體系內發展的。雖然西方建築受到西亞、埃及建築的影響，中國建築也曾受到印度建築的影響，但中西建築之間的交流與相互影響是到很晚才出現的。中國到清代圓明園中才出現西歐式建築，中國建築在西方越來越受到重視，也是二十世紀的事（十九世紀，中國的園林建築也對西方園林藝術產生了較大的影響）。所以，中西建築基本上也就形成了各自的性格和特徵，在美學上也表現出較大的差異性。這些差異性是同（共同的和諧美理想）中之異，但它畢竟表明中西不同的藝術精神以及文化精神。比較研究必須注意這些差異性，並探討形成這些差異的原因。

總之，同中求異，異中求同，並深究其內在根源，是進行建築美學比較研究所應把握住的兩個方面。

第二，把靜態的（共時性）研究與動態的（歷時性）的研究結合起來。

一般的比較研究，往往是把比較的雙方置於孤立靜止狀態下加以比較，尋求它們之間的同異。這種靜態的比較便於研究者更好地把握對象，也是比較研究中不可或缺的內容。但是，事物總是處在不斷的運動發展之中，僅僅是靜態的比較，還不能把握雙方在運動發展中表現出的差異，有時甚至不能反映出對象的全部性質和特徵。從建築藝術來看，一種美學風格的形成，往往需要幾百年甚至千餘年的歷史。如果僅僅祇是靜態的比

較，顯然不能顯示出對象的這種特徵。比如說，如果祇
是把中國建築與西方建築加以靜態比較，那麼，西方建
築從梁柱結構到拱券結構再發展到鋼筋混凝土的框架結
構，有著十分明晰的歷史發展線索。相比之下，中國古
代建築二、三千年的歷史，建築的基本結構卻沒有什麼
根本性的變化。這樣就很容易輕率地下結論，中國古代
建築在技術和藝術表現上比較單一，沒有自己的歷史發
展。其實不然，關於中國古代建築的藝術表現，除了考
察單體建築的布局安排，還應該考察建築的外部空間的
組織形式。而中國古代建築的藝術成就主要地體現在其
外部空間的組織上──建築羣的布局規畫，建築與自然
環境的關係等。考察一下由城市建築經景區宗教建築再
到園林建築的歷史發展，中國古代建築的外部空間的組
織顯然有著自己的歷史發展線索。我們看到，在宮殿建
築中，外部空間的組織是呈嚴格的南北軸線對稱布局；
而在景區宗教建築中，則是由一條遊覽線把景觀與建築
組織成為一個整體；園林建築的布局則更為自由，由錯
綜複雜的遊覽線把建築與人工的景觀組織起來。如果不
是把中國古代建築作為一個動態的歷史過程加以考察，
並與西方單體建築的內部空間的組織加以比較，這條重
要的線索是不容易被發現的。同樣地，西方古代建築的
某些藝術成就，也祇有在作動態的歷史發展的比較中才
能發現。如果僅僅祇是一種靜態的比較研究，那將無法

反映出中西古代建築美學的全貌。

　　靜態的比較研究是必不可少的，它是動態比較研究必要的前提條件。也就是說，我們首先要把中西古代建築美學作爲兩種不同文化、美學背景的產物加以對照，然後才能比較其在發展運動中的各自規律。由靜態到動態走向靜態與動態比較的結合，恰恰反映著比較研究的一步步走向深入。

　　如此，第一，我們探討了建築美學的一些基本理論；第二，從時間、地域以及具體內容上確定了比較的對象和範圍；第三，確定了我們所運用的方法。爲我們後文的進一步深入和展開做了必要的準備工作。

◆注釋◆

① 〈易經‧繫辭下〉。

② 《中國美學史資料選編》（上）第20頁，商務印書館，1980年版，原出〈墨子‧辭過〉。

③ 轉引自朱光潛：《談美書簡》第55頁，上海文藝出版社，1980年版。

④ 羅傑‧斯各拉頓：〈建築美學〉，《美學譯文》第二輯，第113頁，中國社會科學出版社，1982年版。

⑤ 叔本華：《作爲意志和表象的世界》第301～302頁，商務印書館，1982年版。

⑥ 第一，關於這句話的詳細分析，將在以後各章展開。
第二，建築與音樂的關係，詳見斯各拉頓的分析，見《美學譯文》第二輯。

⑦ 黑格爾：《小邏輯》，第252頁，商務印書館，1980年第2版。

第二章

建築美的特徵：和諧

　　這裏，我們所要討論的中西建築的美學特徵，不僅
僅只是作某種靜態的考察，而且還要把對象作爲一個動
態的歷史過程來加以考察。

第一節　基本性質

　　最早把藝術美作爲一個動態的歷史發展過程而加以
系統研究的是德國美學家黑格爾。他認爲，藝術美的發
展經歷了象徵型、古典型和浪漫型這樣三種類型。具體
到建築美學上，黑格爾認爲，建築藝術本質上是一種象
徵型藝術，但它也經歷了象徵、古典、浪漫的發展過
程。這裏，黑格爾揭示出一個關鍵性的問題，即藝術美
的性質，是隨著人類社會歷史發展而發展的，不同時代
的藝術有著不同的審美理想和審美性質。在我們看來，
這一點是符合藝術歷史發展的實際的。因此，中西建築
美學的比較研究，首先要涉及的問題是：在這一特定的
歷史時期，中西建築藝術美的基本性質。

一、　藝術美的歷史發展
　　　　與建築美

　　黑格爾關於藝術美歷史發展三階段的畫分，主要根

據在於其哲學體系。他認為世界的發展是由精神經物質重新返回精神的過程，同樣地，藝術美的發展也是由物質返回到精神的過程。所謂「象徵型」藝術是物質大於精神，藝術美尚未獲得獨立的地位，精神還是隱寓於物質之中，因而是朦朧的、抽象的，其典型形態就是建築藝術；而「古典型」藝術則是物質與精神的完美統一，它也是藝術的理想形式，其典型形態是雕刻藝術；在象徵型和古典型藝術當中，物質還占有一定的地位，而到了浪漫型藝術，則擺脫了物質手段的束縛，直接表現精神性的內容，如詩歌、音樂藝術等。最終，藝術走向解體，為哲學所取代。

黑格爾的藝術史觀在一定程度上揭示了藝術美的歷史發展線索，揭示了門類藝術的歷史發展的性質。但是，任何的歷史研究，都是以研究者所處的時代為立足點向後看的，因此，也都難免有許多失誤之處，黑格爾也不例外：第一，黑格爾的藝術美的歷史觀的根據在於其哲學體系，而其哲學體系是頭足倒立的，因此，其出發點本身就是錯誤的；第二，他無法預見在他身後藝術形式也是在不斷地發展變化的，古典的建築、雕刻、繪畫固然嚴格地受到物質媒介以及人們固有的時空觀念的侷限，因而表現上不夠自由。但隨著科學技術的發展，這些物質媒介也會發生變化；例如，古典雕刻、繪畫嚴格受到三度空間和二度空間的限制，但愛因斯坦相對論

的「四度空間」理論一經誕生，就極大地豐富了現代繪畫和現代雕刻的語言手段。建築藝術美的歷史發展也不例外——由於在黑格爾時期，建築藝術美的歷史發展還沒有顯示出一種歷史發展的相對完整性，所以，他關於建築藝術美的歷史發展，也難免有牽強附會之處。

在我們看來，藝術美的歷史發展之根據只能在人類社會歷史發展之中。奴隸社會和封建社會基本上還是一種農業文明，在這種文明狀態下，物質和精神的發展在一種較低層次上處於相對平衡狀態；而到了工業文明近代資本主義社會，勞動分工的細緻化，私有制與社會化大生產之間的矛盾，嚴重地破壞了農業文明低層次的平衡狀態，農業文明的田園夢被驚醒了，物質與精神的發展出現了嚴重的不平衡，人與對象世界的關係也發生了根本性的變化；同時，個體的人格精神也處於分裂狀態之中。這一根本性的社會變化反映在藝術美的理想上，就出現了古代和諧美理想與近代崇高美理想的對峙。所謂和諧美，它給人的審美感受是優美的，是藝術美的各因素：如主體與客體、感性與理性、內容與形式、再現與表現之間的和諧統一；而崇高美則是上述各元素之間的矛盾對立乃至衝突，它表現的是一種痛感、衝突。所以，我們看到，古希臘的繪畫、雕刻與現代的繪畫、雕刻就表現出兩種不同的審美效果，前者莊重、寧靜、典雅，嚴格遵循著形式美的要求（比例、均衡等），是古

代和諧美的藝術；而後者則是變形，側重於主觀情緒的表現，而且不遵循形式美規律，甚至故意破壞形式美，是近代崇高型藝術。由此，我們把藝術美的歷史發展看作是由古代的和諧美向近代崇高美的歷史發展。

那麼，建築藝術美是否也基本上是按照這條歷史線索發展的呢？

我們在「引論」中討論的建築藝術的複雜特性同樣影響著建築藝術美的歷史發展。一方面，作為藝術，它固然要表現出時代的審美理想，顯示出時代的美學特色；可是另一方面，這種審美理想的表現，又處處受制於技術、功能等方面的要求。因此，建築藝術美的歷史發展是走著自己的路，它有著自己的特殊性。黑格爾的建築藝術美的歷史觀忽視了這一點，認為建築藝術的發展歷程與其它藝術是一致的，沒有認識到建築藝術的複雜特性以及由此而形成的其歷史發展的特殊性。我們看到，隨著科學技術的發展，建築藝術的表現手段越來越豐富，古希臘建築的梁柱結構還只能表現二度空間的外觀形式美和三度空間的造型美；而拱券結構的採用，則開始使建築具有巨大的內部空間，鋼筋混凝土以及現代建築所運用的各種新的材料和新技術，使得現代建築無論是在外部空間，還是內部空間，都發生了重大的變革，現代建築把內部空間與外部空間統一起來，構成一個有機的整體空間。但是，西方現代崇高型的藝術中常

見的母題——矛盾、衝突、焦慮不安、失落感、苦悶、荒誕、潛意識的表現等等，在西方近現代建築藝術中雖也有所表現，但並沒有得到相應的突出地位，其美學特徵仍表現爲和諧。其重要原因大概在於，建築畢竟還要創造一個人居的、爲人服務的空間環境，這些基本功能的要求，不允許建築藝術也表現上述的各種主題。

但是，作爲藝術，建築又必然地要表現出時代的審美理想。我們看到，古希臘建築就同古希臘的雕刻一樣，都表現著寧靜、莊重、典雅的美學風格，是一種典型的和諧美。在中國，早期的園林追求體量之宏大，講究場面的壯觀，極盡鋪排之能事，追求的是一種勢壯之美；而後期的園林建築則顯得幽靜雅致，含蓄自然平淡，韻味深遠，追求的是自然之趣。這些變化又基本上與中國古代審美理想的歷史發展相吻合。由此可見，建築美的歷史發展與藝術美的歷史發展又有著一定的相似性。

由於建築藝術美的發展所具有的這種複雜特性，所以，我們在考察中西古代建築美學的基本性質時，既要考慮到它受時代審美理想影響的一面；同時，又要考慮到建築藝術美的特殊性。

二、　中西建築藝術的和諧美特徵

從總體的基本精神上看，我們認爲，中西建築藝術

表現的是和諧美特徵，這一點與古代藝術的審美理想是相一致的。

首先，我們來看古代和諧美理想與古代建築藝術的關係。

古希臘的審美理想是以和諧爲特徵的。畢達哥拉斯就認爲美是和諧。他指出「音樂是對立因素的和諧統一，把雜多導致統一，把不協調導致協調①」。在他看來，和諧就是對立雙方的協調和統一，是動與靜、陰與陽、一與多、奇與偶、善與惡、明與暗等對立雙方相互統一的產物。美學家亞里斯多德認爲，美表現在事物的外觀的整一性，他指出：

> 一個美的事物——一個活東西或一個由某些部分組成之物——不但它的各部分應有一定的安排，而且它的體積也應有一定的大小；因爲美要依靠體積與安排，一個非常小的活東西不能美，因爲我們的觀察處於不可感知的時間內，以至模糊不清；一個非常大的活東西，例如一個一千里長的活東西，也不能美，因爲不能一覽而盡，看不出它的整一性②。

顯然，亞里斯多德認爲美的特徵在於形式上的「秩序、勻稱、明確」等。十八世紀德國美學家溫克爾曼把古希

臘造型藝術的美學特徵概括爲「單純的高貴，靜穆的偉
大」，他也把古希臘藝術的美學特徵歸結爲和諧。我們
看到，同古希臘的其他藝術一樣，其建築藝術也表現出
和諧美的特徵：首先，它表現在頂部的壓力與底部的支
承力之間處在一種完美的靜態平衡之中。從古希臘建築
的柱式來看，它有柱礎、柱身、柱頭，柱身上刻有凹
槽，整個柱式的力量是向上升起的（底部較粗，頂部較
細）；檐部又可分爲額枋、三隴板、檐冠等等；在柱頭
與檐部之間還有一塊托板。柱式和檐部中的這些部分，
使得檐部的壓力和柱身的支承力都顯得十分平緩。其
次，還表現在形式比例的和諧上，古希臘神廟建築的柱
式底部直徑與柱子的高度、柱與柱之間的距離，以及柱
與梁兩部分之間總是有著恰當的比例關係；再次，古希
臘的神廟建築還表現出完整的整體性，即各個部分組織
成爲一個有機的完美整體，古希臘的神廟建築也不追求
體量之宏大（而古代埃及和古代中國都曾一度追求過大
體量的建築）。第四，古希臘神廟建築如同古希臘的雕
刻一樣，都講究恰當的比例關係，而且多採用人體的比
例。因而古希臘的建築與古希臘的藝術都表現出同樣的
審美特徵：莊重、典雅、靜穆、高貴。

　　古羅馬的審美理想基本上與古希臘人相同，但是，
在古典和諧美的基礎上，古羅馬的審美理想更偏重於壯
美，甚至包含著崇高美的萌芽。古羅馬的雕刻比古希臘

的雕刻就少了秀美，而多了冷峻、莊重。在美學思想上，朗吉弩斯則明確地把「崇高」作爲美學範疇加以研究，他認爲崇高不僅僅訴諸人的感情，而且也訴諸人的理智，它是「專橫的、不可抗拒的」，它「會操縱一切讀者」，如果說在對和諧美的鑑賞中，人與對象處於一種默契、統一之中，那麼，在崇高美的鑑賞中，人則是處於被動的、壓抑的狀態。崇高的根源在於「莊嚴偉大的思想」、「強烈而激動的情感」、「運用詞藻的技術」、「高雅的措辭」、「整個結構的堂皇卓越」③。顯然，朗吉弩斯的崇高概念雖然還不能完全等同於近代美學上的「崇高」（主要表現醜、尖銳的矛盾衝突），但他認爲崇高涉及到人的情感和理智，有著壓抑人的力量，這些都是符合近代崇高美的特徵。從總體上來看，朗吉弩斯的「崇高美」的思想更側重於氣勢宏大、超凡的氣魄以及驚奇的效果等。因此，他還是偏重於古典和諧美的理想。

正是在這種美學理想的支配下，與古希臘建築相比，古羅馬的建築無論是體量、還是內部空間，都有著超人的尺度。作爲神權、君權以及強大的羅馬帝國軍事勢力的象徵，我們看到，萬神廟、提圖斯凱旋門、圖拉眞廣場、馬庫斯·奧勒留紀念柱、大型的巴西利卡④以及浴場、格鬥場等建築，無不具有磅礴的氣勢和驚人的效果。特別是由於拱券結構的採用，使得建築藝術的發

展，開始了新的歷史階段。

中世紀美學思想比較複雜。一方面，基督教否定一
切塵世的美和藝術，在他們看來，塵世的藝術和美近似
於邪惡，把人引向罪惡和墮落。另一方面，他們又極力
鼓吹天國的美、上帝的美。中世紀重要的神學家奧古斯
丁就是這樣，在他剛成年之時，就暗自慶幸上帝使自己
不再染指於庸俗的塵世藝術。同時，他卻認為存在著上
帝的美。中世紀神學家的美學思想都具有這種矛盾性。
其代表人物有奧古斯丁、托馬斯・阿奎那。如果我們剝
開中世紀美學思想的神學外衣，那麼我們會看到，它表
現出來的仍是古典和諧美的特徵。奧古斯丁把美規定為
「各部分的勻稱，加上色彩的悅目」⑤，托馬斯・阿奎
那則認為，「美有三個要素：第一是一種完整或完美，
凡是不完整的東西就是醜的；其次是適當的比例或和
諧；第三是鮮明，所以鮮明的顏色是公認為美的⑥。」
可見，中世紀美學雖然披上了一層神學外衣，但仍與古
希臘的美學精神相一致，即表現為形式上的完整性、統
一性、勻稱性，以及一定的比例關係。奧古斯丁還談到
建築的形式美問題：

　　建築物細部上的任何不必要的不對稱都會使我
們感到很不舒服。舉例說，如果一座房子有一個門
開在側邊，而另一個門則幾乎是開在中間，但又並

非恰好居中，……我們就會不滿意。相反，如果在
牆中央開一窗戶，在其兩側距離相等處又各開一個
窗戶，我們就會滿意……。這就是建築學裏值得誇
獎的合理性……這是令人高興的。因為這是美的，
其所以美，就因為建築總體的兩半式樣相同，並以
一定方式聯繫為一個統一和諧的整體⑦。

我們看到中世紀的宗教建築，無論是拜占庭風格，還是
哥德式風格，儘管體量宏大，細部裝飾十分繁複，但仍
表現出完美的整體性，它的細部與細部之間都保持著應
有的比例關係。同時，中世紀的宗教建築還表現出明顯
的神秘感，它宏大的體量，那力圖擺脫地心引力的升騰
之勢，巨大的內部空間，繁複的細部裝飾，都在一定程
度上壓抑著人的精神，使人感到壓抑、痛苦，進而力求
擺脫塵世，渴望昇華到更高的境界。

　　不同於中世紀及其以前的建築美學，極少有建築美
學方面的理論思想，自文藝復興開始，西方美學家和建
築學家都開始了建築美學的理論思考。如果說，在這之
前的建築藝術還是不自覺地受到時代的審美理想的影
響，表現出時代的美學特徵，那麼，自文藝復興開始，
建築的美學追求就成為了一種自覺的行動。阿爾貝蒂就
明確指出：「所有的建築物，如果你們認為它很好的
話，都產生於『需要』，受『適應』的調養，被『功

效』潤色；『賞心悅目』在最後考慮⑧。」他還指出：
「我們從任何一個建築物上所感覺到的賞心悅目，都是
由美和裝飾引起來的，……如果說任何事物都需要美，
那麼，建築物尤其需要，建築物絕不能沒有它，……」
⑨顯然，這裏把建築美的表現擺在十分重要的地位。

　　文藝復興時的建築美學思想實際上還只是把古希臘
羅馬的美學思想運用到建築的實際當中，或者說，對古
希臘羅馬建築所表現出的審美特徵加以進一步總結而
已。具體來說，它包括：第一，認爲美的本質是和諧統
一的整體性。阿爾貝蒂指出：「我認爲美就是各部分的
和諧，不論是什麼主題，這些部分都應該按這樣的比例
和關係協調起來，以致旣不能再增加什麼，也不能減少
或更動什麼，除非有意破壞它⑩。」帕拉第奧也說：
「美產生於形式，產生於整體和各部之間的協調，部分
之間的協調，以及，又是部分和整體之間的協調；建築
因而像個完整的、完全的軀體，它的每一個器官都和旁
的相適應，而且對於你所要求的來說，都是必須
的⑪。」第二，認爲美表現爲一定的幾何形狀或比例的
勻稱、和諧，即建築主要是一種形式美。阿爾貝蒂指
出，建築物的各部分「無疑地應該受藝術和比例的一些
確定規則的制約⑫。」這裏的建築美學思想仍然還沒有
跳出古希臘羅馬美學思想的窠臼，對建築美的認識也還
祇是停留在形式美上，缺乏更深刻的本質的認識。

　　從文藝復興時期建築藝術創作的實際來看，其美學
特徵表現爲：

　　第一，人本主義傾向。我們知道，古羅馬和中世紀
的建築往往有著超人的尺度，巨大的體量和內部空間往
往壓抑著人的精神。文藝復興時期的建築首先恢復了古
希臘建築所具有的人的尺度，建築中的比例關係來自人
體的比例關係。數學家巴奇奧里指出：「……所有的度
量和它們的名稱都來自人體，而且在人體中可以找到上
帝揭示自然最深邃的奧秘的全部比和比例⑬。」正是在
這種思想的支配下，我們看到，古希臘的列柱式被重新
運用到建築當中，在有的建築中，這些柱廊並不承重，
而僅僅只是爲了裝飾。

　　第二，風格的多樣性。基督教把許多建築型制斥之
爲異端而加以排斥，如把集中式平面和穹頂視爲異教建
築的型制，這就嚴重地束縛了建築藝術風格的多樣化。
文藝復興時的建築師在反神權的思想的鼓舞下，大膽採
用了各種各樣的形式，加上這時對古希臘羅馬建築的重
新發現和認識，使古典建築藝術走向了高潮。這時，既
有拱券結構，也有梁柱結構，還有的把這兩種結構形式
加以結合。建築師們也充分發揮了自己的藝術個性，例
如，著名的雕刻家米開朗基羅設計的建築，就如同他的
雕刻作品一樣，充滿了剛健的力量，豐富的動感以及騷
動不安的情緒；而畫家拉斐爾設計的建築則如他的《席

斯丁聖母》一樣，溫馨、恬靜、細膩，這也是建築藝術擺脫神學的桎梏以後的一次充分的自由表現。

自文藝復興開始，西方古代建築的主角——宗教建築的地位開始動搖。建築藝術開始轉向宮廷和貴族的府邸以及相應的公共建築上。大體量的建築不再是神權的象徵，而是塵世中人的力量的現實表現。到了十七世紀法國古典主義的興起，出於政治上的需要，宮廷建築在建築史上開始占有主導性的地位了。

古典主義是十七世紀法國文化潮流的總稱。其主要目的是配合當時的封建專制統治。表現在建築藝術上，其主要特徵爲崇拜古羅馬風格，推崇理性，探求具有普遍性的、永恆意義的建築美學原則，它反對個性、反對表現情感。認爲建築美就在於純粹的幾何形狀和數學比例關係，把美完全歸結爲數學關係。古典主義的建築理論還強調建築的局部與整體之間的關係，講究嚴謹的布局，一切都顯示出嚴格的邏輯性。法國古典主義建築理論的代表人物佛・勃隆台的下述文字可以說是代表了古典主義建築的基本美學思想：

　　一個眞實的建築由於它合於建築物的類型的義理而能取悅於所有的眼睛，義理不沾民族的偏見，不沾藝術家個人的見解，而在藝術的本質中顯現出來，因此，它不容忍建築師耽溺於裝飾，沉湎於個

人的習慣趣味，陶醉於繁冗的細節；總之，拋棄一
切曖昧的東西，於條理整飭中見美，於布局中見方
便，於結構中見堅固⑭。

正是從這種理論思想出發，古典主義建築在布局和構圖
當中，講究嚴格的對稱均衡，突出中心軸線，主次關係
十分明顯。這些特徵主要表現在宮殿建築和貴族的府邸
建築當中。其中，以凡爾賽宮最為典型。凡爾賽宮不僅
布局講究嚴格的軸線對稱，甚至連道路、植物、雕刻、
草地、水池等都是幾何形狀圖案。可以說，古典主義建
築把自古希臘以來強調建築所具有的數量比例關係和幾
何形狀的這一美學思想推到了極致，同時，也是對這一
建築美學思想的僵化，已經沒有了發展的餘地。所以，
隨著君權勢力的衰落，古典主義建築也漸趨衰落，而病
態的、以講究室內裝飾為特徵，以纖巧細膩而又瑣碎、
柔媚、虛幻為風格的洛可可式建築開始佔據了上風。這
實際上，也是建築古典和諧美藝術表現走向衰落的標
誌。洛可可裝飾雖然也是一種柔美的表現，但它畢竟不
是健康的和諧美理想，而是一種病態的美學趣味。

　　古典主義思潮以後的西方建築，儘管流派眾多，各
種思潮不斷湧現，但總體上來說，建築的功能由為宗教
或為王權服務轉向為新興資產階級的工業和商業服務。
這種功能的變化，也終將導致表現形式的變化。在十八

世紀以後的西方建築，先是尋求新的形式以適應新的功能要求，後來由於鋼筋和混凝土材料的運用，使得建築又在探索新的材料和新的結構技術相適應的表現形式。此間，雖然不斷有種種復古思潮的沉渣泛起，但都沒有什麼新的美學思想。直到現代主義思潮的興起，才開始建築藝術語言的重大革命（關於現代主義和後現代主義建築美學思潮，見第八章）。因此，可以說，古典主義與現代主義之間的西方建築，正是處在一種新舊時代兩種形式的過渡發展階段。

　　相對於西方古代建築而言，中國建築藝術的和諧美理想的藝術表現主要有如下特徵：第一，由於材料和結構的比較單一，中國建築藝術未能像西方建築那樣出現那麼眾多的各種思潮和流派；這種材料和結構的單一性，使得中國建築藝術更容易受到審美理想發展的影響；第二，和諧美理想有兩種表現形式，一是壯美，一是優美。前者往往表現出巨大的體量，宏偉的氣勢，超人的尺度，剛勁有力；而後者則往往表現爲柔媚、輕鬆、自然、恬靜、典雅。我們看到，西方古代建築所表現出的和諧美理想也有這樣的兩種形式。古希臘神廟建築就有以剛勁有力爲特徵的多立克柱式和以柔和秀美爲特徵的愛奧尼克兩種柱式；即使是體量宏大，以壯美爲其主要特徵的拱券結構建築，在其局部的細部裝飾上也不無優美動人之處；古典主義的莊重宏偉紀念碑式的風

格和洛可可裝飾的纖巧細膩也是壯美和優美的兩種不同
表現形式。所以，西方古代建築美理想表現是以優美和
壯美兩種形式並存的，就同酒神精神與日神精神並存一
樣。而中國古代建築美學的發展卻不是這樣，可以說，
中國古代建築和諧美的理想的表現基本上是從壯美到優
美的歷史發展過程。如果說西方建築和諧美的兩種形式
是二元並存，相互影響，交替發展的話，那麼，中國建
築和諧美的兩種形式則是一條線性的歷史發展過程。這
種線性發展的特徵主要表現在從城市建築經由景區寺廟
建築到園林建築這樣的一條歷史發展線索之中。

　　首先，我們來看一看城市建築。城市建築包括城市
的規畫布局和宮殿建築。城市建築在中國古代建築中是
最早成熟的一種類型。在春秋末年就已成書的《考工
記》就記載了古人關於城市布局規畫的方法：「匠人營
國，方九里，旁三門，國中九經九緯，經塗九軌，左祖
右社，面朝後市。」這一觀念一直影響着中國古代城市
的布局規畫，祇要地理條件允可，都體現出上述的特
點。另外，從城市的組織內容來看，中國的古代都城往
往是由皇城（亦稱大內）、內城和外城（郭）三部分組
成，以皇城爲中心，依次向四周擴展。而皇城中的宮殿
建築又是中心之中心，以此爲基點依次展開爲其他次要
的建築，這也就是《考工記》所要求的「擇國之中以立
宮」。

作爲城市中心建築的宮殿建築羣，無不顯示出莊重、威嚴、氣勢宏偉的美學特徵。〈周易‧繫辭下〉記載：「上古穴居而野處，後世聖人易之以宮室，上棟下宇，以待風雨。蓋取『大壯』。」這裏，「大壯」是指一種卦象，爲上震下乾（䷡）。「《象》曰：《大壯》，大者壯也。剛以動，故壯⑮。」故此卦象有大而強壯之意。所謂乾，剛而健；震，動也。剛而健，剛而動。因此，建築要表現出陽剛之美。這一點，從甲骨文的象形文字中就有所反映：如「高」，甲骨文作「侖」或作「畲」，像層屋之形；《說文解字》曰：「高，崇也，象台觀高之形。」孔廣居的《說文疑疑》謂：「高，象樓台層疊形，八像上屋，　象下屋，口象上下層之戶牖也。」再如「京」，甲骨文作「侖」，與「高」一樣，像層屋之形⑯。可見在殷周時代，中國就已產生了高層建築，故〈考工記‧匠人〉稱「殷人重屋，堂修七尋，堂崇三尺，四阿重屋。」春秋戰國時期，「高其台，美其宮室」一時成爲時尚，出現了許多著名的建築。「台榭曲直之望，青黃刻鏤之飾」⑰導致了墨子對此的強烈的不滿。秦皇漢武則是把這種風氣推向了極致。《史記》稱秦始皇的阿房宮「東西五百步，南北五十丈，上可以坐萬人，下可以建五丈旗。周馳爲閣道，自殿下直抵南山，表南山之顚以爲闕。爲複道，自阿房渡渭，屬之阿房，以象天極，閣道絕漢抵營室

也⑱。」至今尚存的阿房宮遺址的夯土臺，雖然經數千年的風吹雨打，東西長仍有約一公里，南北約〇‧五公里，後部殘高約八公尺。從這些史料和數字當中，不難想像其規模之宏大，氣勢之壯觀。漢代在秦王朝的廢墟上重整旗鼓，營造了規模更爲龐大的宮殿建築羣。特別是漢武帝，其大興土木之規模，絕不亞於秦始皇。〈三輔黃圖‧序〉記載：「至孝武皇帝，承文、景菲薄之餘，恃邦國阜繁之資，土木之後，倍秦越舊。斤斧之聲，畚鍤之勞，歲月不息。蓋騁其邪心以誇天下也。」這時的未央宮是「以木蘭爲芬撩，文杏爲梁柱，金鋪玉戶，華榱璧璫，雕楹玉磶，左城，右平。黃金爲璧帶。間以和氏珍玉。風至其聲玲瓏也⑲。」據考古資料，未央宮全宮面積約五平方公里，南北長約二千二百五十公尺，東西長約二千一百五十公尺⑳。除了未央宮外，漢武帝還增修了建章宮、壽宮、北宮、溫泉宮，宮內有大殿，有數十丈之高的台榭、門闕。此外，還有大型的苑囿多處，無不極盡鋪張、豪華之極。此後，中國歷代王朝的都城建築都顯示出與秦漢宮殿建築的同樣特點。無論是盛唐的麟德殿，還是元明清三代的故宮建築羣，都是上述秦漢宮殿建築的美學風格的延續和發展。

中國古代城市建築和宮殿建築的美學特徵可以歸結爲：第一，嚴格的邏輯性。其軸線對稱式的布局，嚴整的矩形，使得整個布局顯得莊嚴，宏偉。第二，宮殿建

築作爲封建皇權的象徵，體量宏大，雄偉壯觀。第三，其細部的裝飾也顯得十分華麗。這三個特點可以從現存的北京故宮建築羣中淸楚明白地見到。

　　中古社會以後，中國士大夫階層開始出現了一股崇尙自然，追求野趣的風格。儒、道、釋三種思想的合流，使得這一風尙在文人、道士和僧人中普遍流行開來。最早發現自然美的，不能不說與道教和佛教有關。道士、僧人深居幽山，也就自然而然地把超塵脫俗的自我解脫的宗教心情與自然山水結合起來。相傳晉代著名僧人慧遠在廬山東林寺修行，就有〈廬山東林寺雜詩〉：

　　　　崇嶺吐清氣，幽岫棲神迹。
　　　　希聲奏羣籟，響出山溜滴。
　　　　有客獨冥游，徑然忘所適[21]。

再看帛道猷的〈陵峯採藥觸興爲詩〉：

　　　　連峯數千里，修林帶平津。
　　　　雲過遠山翳，風至梗荒榛。
　　　　藬茨隱不見，雞鳴知有人。
　　　　閑步踐其徑，處處見遺薪。
　　　　故知百代下，故有上皇民[22]。

到了中晚唐，這種風氣就更盛了。不僅僧人如此，許多文人亦是如此。從兩晉南北朝以來，中國文人士大夫與僧人道士結下了不解之緣。如謝靈運、宗炳、吳道子、王維、司空圖、嚴羽、蘇軾等等，都與佛教有很大的關係。而許多僧人道士則同時兼爲文人或詩人，有著很高的鑑賞能力和藝術才能。如唐代的皎然、賈島等人，一本《古今禪藻集》就是明證。這股始於兩晉南北朝的崇尚自然美的涓涓支流，到了中唐以後，便匯成了一股強有力的主導性的潮流。從而在美學史上佔據著越來越重要的地位。不僅崇尚客觀自然之美，而且主張行文立意，亦講究自然，天然渾成，不加雕飾。使得自然的涵義更爲豐富。這股美學思潮對中國古代的建築藝術也產生了深刻的影響。

這種影響首先反映在宗教建築之中，尤其是佛教。佛教講究坐禪法，而修禪則要求有一個比較寂靜幽深的自然環境。故早期佛教的修禪多於山林洞穴之中。相傳佛祖達摩就曾在山洞中面壁九年，以至於小鳥在身上築巢而不知。因此，宗教建築在城市發展的同時，也開始了它的另一種發展形式，即景區的宗教建築。早在南北朝期間，五台山、九華山、嵩山、衡山等著名的風景區都已開始出現了佛教建築，浙江杭州的西湖也曾是道學家葛洪煉丹求仙之處。到了唐代，此風亦波及到文人士

大夫。一些文人士大夫也紛紛於風景區構築山莊別墅。
史稱唐代大詩人王維「得宋之問藍田別墅。在輞口，輞
水周於舍下，別漲竹洲花塢，與道友裴迪浮舟往來，彈
琴賦詩，吟咏終日。」㉓而司空圖則「有先人別墅在中
條山之王官谷，泉石林亭，頗稱幽棲之趣。自考槃高
臥，時名僧高士游泳其中㉔。」在《唐才子傳》中有這
樣的描述，「一食自甘，方袍便足，靈台登皎，無事相
干，……青峯瞰門，綠水周舍，幽徑尋眞，景變序遷，
蕩入冥思。」可見，在景區構築別墅成爲文人理想的生
活環境。宋代便形成了四大佛教名山，四大著名書院，
還有衆多的道教名山。於是，便形成了獨具一格的、以
宗教建築爲代表的景區建築。

　　從審美特徵來看，景區宗教建築著意強調的是建築
與自然風景之間的關係問題，如何把兩者統一起來，是
景區宗教建築的主旨。因此，景區宗教建築一反宮殿建
築和城市寺廟建築追求體量宏大，裝飾華麗，布局嚴謹
的特色，更著重於表現的自由。在布局上，往往能夠把
主要景觀與建築結合起來，一方面，使得建築成爲賞景
的最佳視點，另一方面，又不因建築而破壞自然景觀。
建築的體量也不一味追求宏大，而著意於「藏」，即把
建築隱蔽在自然的山水林木之中，這樣，就不會因建築
的佔地面積過大而破壞自然景觀，從而做到不破石相，
不動土方；也不會因建築的高而遮擋視線，妨礙遊人觀

賞景致。所以，這裏是人工與自然的結合，其中，又更
加強調自然。

由於受到地理環境的制約，景區宗教建築在表現自
然美上還顯得有些生硬和不足（當然更多的是成功的佳
作）。但它卻直接啓發了園林建築的構思與立意。如果
說城市建築是一種人工環境，景區宗教建築是一種自然
環境，那麼，園林建築則是又重新回到了人工環境。不
同於城市建築的是，這種人工環境更側重於表現自然
美，在藝術表現上也相當地靈活自由，是藝術創造的自
然美。

園林藝術是中國封建社會文人士大夫的心態以及審
美意識的一種必然產物，它與中國古典詩歌及繪畫有著
許多相通之處，都典型地反映著文人士大夫的審美理
想。從美學的角度來看，它們共同的特徵在於，都強調
意境美的創造，力求表現出一種虛實相生、動靜相濟、
情景交融，含蓄而又韻味無窮的藝術境界。園林藝術就
是要把文人士大夫的「生活思想以及傳統文學和繪畫所
描寫的意境溶貫於園林的布局與造景中㉕。」創造意境
美，追求詩情畫意是園林建築不同於其它建築藝術的美
學特徵。

首先，我們來看看園林的立意：

造園家計成明確地指出，造園也講究「三分匠人七
分主人」，指的就是立意的重要性。「物情所逗，目寄

心期，似意在筆先㉖。」在這一點上，爲文、爲詩、爲畫與造園是一致的。所謂立意，也就是要確定所要傳達的內容和要旨，這是造園的要義，也是把握園林藝術美的關鍵。

宋代以前的文人士大夫所經營的山莊別墅，就表現出強烈的崇尚田園野趣，追求自然清寂，退避隱世的意旨。封建文人士大夫一開始參與到園林建築藝術中，就繼承並進一步強化了這一思想。這一點，我們可以從北宋蘇舜欽和司馬光所營構的滄浪亭和獨樂園中看出。

蘇舜欽在政治上失意以後，遷居蘇州，開始營構滄浪亭。所謂「滄浪」一詞，引自屈原的詩篇〈漁父〉：「滄浪之水清兮，可以濯我纓；滄浪之水濁兮，可以濯我足」，又見〈孟子・離婁〉。本爲漁父勸隱之語。這裏，以「滄浪」命名，其退隱之意十分明顯。蘇舜欽所作〈滄浪亭記〉則十分明確地表明了其營構滄浪亭之用意：

予時榜小舟，幅巾以往，至則灑然忘其歸，觴而浩歌，踞而仰嘯，野老不至，魚鳥共樂，形骸既適，則神不煩，觀聽無邪，則道以明。返思向之汩汩榮辱之場，日與錙銖利害相磨戛，隔此眞趣，不亦鄙哉㉗！

同樣，宋代的司馬光在洛陽購置的獨樂園，亦有此意。〈孟子‧梁惠王〉中有這樣的表述：「獨樂樂，不若與衆樂樂；與少樂樂，不若與衆樂樂。」這裏的「獨樂」，則是反其意而用之。在〈獨樂園記〉中，他清楚地表明了自己的美學趣味：

> 若夫鷦鷯巢林，不過一枝；鼴鼠飲河，不過滿腹，各盡其分而安，乃迂叟之樂也。……志疲體倦，則投竿取漁，執衽採藥，決渠相羊，唯意所適。明月時至，清風自來，行無所牽，止無所柢，耳目肺腸，悉爲己有。踽踽焉，洋洋焉，不知天壤之間復有何樂可以代此也。因合而命之曰「獨樂園」⑳。

滄浪亭與獨樂園的基本立意，我們還可以從其景觀的命名見出。如滄浪亭的主要景觀有「濯纓亭」、「清香館」、「觀魚處」、「看山樓」、「印心書屋」等等；獨樂園有「弄水軒」、「釣魚庵」、「種竹齋」、「採藥圃」、「澆花亭」、「見山台」等。

明清的園林基本上繼承了宋代園林的基本立意，退隱避世，崇尙自然的氣息更爲濃厚。如無錫的寄暢園，取意於晉代王羲之的詩：「三春啓羣品，寄暢在所園」。蘇州的拙政園，取意於晉代潘岳的〈閑居賦〉：

「築室種樹，逍遙自得，⋯⋯灌園鬻蔬，以供朝夕之膳，⋯⋯此亦拙者之爲政。」還有托於漁隱之意的「網師園」。如此等等，無不表現出封建文人士大夫的生活態度和審美理想。崇尙田園風光，追求自然野趣，自命高雅，以求自適自娛，這是園林建築藝術的基本立意。

這種以退隱避世以求全身的政治態度和人生態度，表現在審美理想，就體現爲崇尙自然淸寂，追求淡雅幽遠，韻味無窮的境界。不同於宮殿建築的裝飾之華麗，布局之嚴謹，園林建築則主張淡雅，反對裝飾，布局上則主張靈活自由，因體得宜。這一點，都反映在計成的《園冶》之中。爲了表現自然優雅的審美理想，計成認爲，構園首先必須以雅爲標準，反對雕飾：

「欄杆信畫而成，減便爲雅。」（欄杆）

「佳境宜收，俗塵安到。切忌雕鏤門空，應當磨琢墻垣；處處鄰虛，方方側影⋯⋯雅致可觀。」（門窗）

「從雅遵時，令人欣賞，園林之佳境也。歷來墻垣，憑匠作雕琢花鳥仙獸，以爲巧制，不第林園之不佳，而宅堂前之何可也，⋯⋯市俗村遇之所爲也。高明而愼之。」（牆垣）

「雕鏤花、鳥、仙、獸不可用，入畫意者少。」

在布局上，必須自由靈活，因體得宜，反對機械式的構園方式：

「園基不構方向，地勢自有高低，涉門成趣，得景

隨形，或傍山林，欲通河沼……如方如圓，似偏似
曲……相地合宜，構園得體。」

「園地惟山林最勝，有高有凹，有曲有深，有峻有
懸，有平有坦，自成天然之趣，不煩人事人工。」

「或樓或屋，或廊或榭，按基形式，臨機應變。」

「斯巧妙處不能盡式，祇可相機而用，非拘一
者。」

顯然，計成的造園主張是「從心而不從法」，只有
這樣，才能「納千頃之汪洋，收四時之爛漫」，從而做
到「堂開淑氣侵人，門引春流到澤」，使「幽人即韻於
松寮，逸士彈琴於篁里」，「俯流玩月，坐而品泉」，
一派超凡脫俗，悠然自得的田園風光。

從城市建築經景區宗教建築再發展到園林建築這條
歷史線索，實際上是由壯美到優美的發展過程，這與中
國古代審美理想的發展基本上是一致的。也是中國建築
美學區別於西方建築美學的特點。因此，我們從中可以
看出，中西建築美學雖然都表現出和諧的特徵，但中國
建築美學是從壯美到優美的線性發展過程，而西方則是
優美和壯美二元並存，交替發展的。

三、　建築和諧美的具體表現

具體來說，中西建築的和諧美理想主要表現在以下

兩個方面：

第一，時間和空間的統一性

　　古代和諧美藝術的時空觀要求把時間和空間統一起來，即要麼把空間的變化體現在時間的系列上，也就是說，在有限的時間範圍內，盡可能地表現出更多的空間內容；要麼把時間的變化表現在靜態的空間形式上，使靜態空間也顯示出動態的時間性的變化運動，從而使靜態的空間形式也顯得富有朝氣。中西建築藝術基本上都體現出這項基本原則，只不過是時間和空間的具體統一方法不同而已。

　　中國的古代建築基本上是在平面空間上展開的，它不是以單體建築為基本單元來向高層空間發展以增加建築的體量，而是在四合院的基礎上向前後左右延伸，所以，中國古代建築多為建築羣。於是，如何把這些建築羣組織成為一個有機聯繫的整體就成為一個重要的課題。這就是時間觀念的引入。我們看到，在中國古代建築中，無論是城市的布局規畫，還是宮殿、寺廟等建築羣；無論是景區的宗教建築，還是園林建築，都有著一條中心線索在起着前後聯繫的作用。這條中心線索，在城市建築中，往往是一條南北走向的中軸線（四合院的布局就是如此）；在景區宗教建築和園林建築中，則往往是遊覽線。透過遊覽線的組織作用，把分散的建築與

自然景觀組織成爲一個完整而有機的空間整體。中國古代建築的空間變化就是透過時間系列來表現的，隨著中心線索的展開，各式各樣的空間變化也就得到相應的表現。

西方古代建築更主要地是把時間的節奏、韻律體現在靜態的空間形式上。所謂節奏、韻律，指的是音樂的音響運動中節拍的輕重、緩急、長短交替出現而合乎一定的規律。西方古代建築的注意力更主要地集中在立面上，追求體量的宏大，以及單體建築的造型，不像中國古代建築表現出羣體性。因此，在靜態空間的造型上，西方建築的形式變化也是多種多樣的。但在這些靜態空間中，總是表現出強烈的運動感，暗示著一種和諧的變化。如在古希臘的神廟建築中，柱式呈規律性的排列，哥德式建築在垂直線上的向上騰飛之勢，都表現出一種動態變化的趨勢。恰如雕刻藝術在表現運動時，要選擇那包前孕後的一瞬間以做到化靜爲動，建築也要化靜爲動，把時間性的運動變化凝固在靜態的空間形式上。

西方現代派的繪畫和雕刻也講把時間與空間結合起來，把時間轉換爲空間。但這種轉換，是爲了更好地表現現代派的藝術精神，這裏的時間和空間都是歪曲的和變形的，過分地誇大了時—空感受的主觀性。所以，在本質上，它與古代建築藝術所表現的時—空的統一觀是兩回事，表現著兩種不同的審美理想。

第二，形式美規律的運用

古代和諧美藝術的另一個重要特徵是形式美規律的運用，即講究比例、均衡、協調、統一、對比等等。而近代的崇高藝術則是有意識地破壞形式美規律，表現的是激蕩、衝突、變幻、扭曲等等。前面我們已經討論到古代美學家和建築學家對形式美的強調。這裏，我們將著重分析一下形式美規律在建築藝術中的具體運用。

1.比例

所謂建築藝術中的比例，是指構件與構件之間、構件與整體之間尺寸的大小關係。古典建築把比例和諧美視爲建築藝術的重要內容。

古希臘建築就表現出完美的比例關係。首先，他們把黃金分割比例運用於神廟建築之中。所謂黃金分割比例是指：一條線段被分爲兩部分，短的部分與長的部分之比等於長的部分與全長之比。若用公式來表示，就是 $\dfrac{a}{b}=\dfrac{b}{a+b}$。這種比例關係首先存在於有機體的結構之中，人體的比例也基本上體現著這種比例關係。所以，在古希臘雕刻和古希臘的建築藝術當中，都同樣存在著黃金分割的比例。例如，帕得嫩神廟正立面就運用了黃金分割的比例，見**圖2-1**。

古希臘建築的柱式也表現出和諧的比例關係。從柱式排列上看，一般來說，寬面的柱數比窄面的柱數多一

倍又一根。如帕得嫩等神廟的柱子數量比為8:17，也有
的是6:13。再從柱式本身來看，它往往是以柱的直徑作
為基本的度量單位，柱身、柱頭、柱礎的尺寸，都是出
於這一基本單位，與柱徑表現出一定的比例關係。例
如，在多立克柱式當中，柱礎和柱頭都為柱徑的二分之
一，柱身為柱徑的七倍，檐部則為柱徑的二倍。在愛奧
尼克柱式中，柱礎為柱徑的二分之一，柱身為柱徑的八
倍，柱頭為柱徑的三分之一，檐部則為二又四分之一
倍。顯然，柱徑成為基本的模數。

　　文藝復興時的建築師們則進一步把建築的比例提高
到新的高度。他們在某種程度甚至把某些特定的比例關

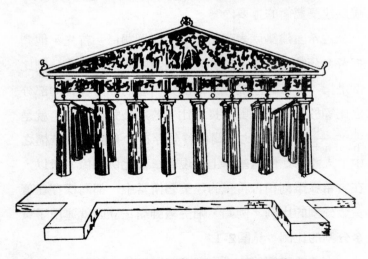

圖2-1　　（古希臘）　　帕得嫩神廟

係加以固定化，認爲這些比例關係表現了永恆的美。例如，帕拉蒂奧就提出了七種理想的平面形狀㉙。而此後的古典主義建築師則把建築中的比例關係加以絕對化，被置於至高無上的地位。

同樣地，中國建築也表現著比例的和諧。中國建築較早地採用先進模數制。宋代的《營造法式》對此曾有較爲系統的總結。例如，關於臺基的大小，《營造法式》認爲「立基之制其高與材（模數，爲九寸）五倍，如東西廣者又加五分至十分，若殿堂中庭修廣者，量其位置隨宜加高，所加雖高不過與材五倍。」《營造法式》進一步指出：「材分八等，度屋大小因而用之。」可見，模數也不是千篇一律的。今人李允鉌先生曾以圖表方式排列出《營造法式》的模數制及應用範圍㉚。此表見下頁。

此外，中國建築中的圓柱其徑與高之比也往往爲1：8左右。柱徑與柱礎也有著一定的比例關係。如《營造法式》就有這樣的規定：「其方倍柱之徑（即礎方爲柱徑之二倍），方一尺四寸以下者，每方一尺厚八寸，方二尺以上者，厚減方之半，方四尺以上者，以厚之尺爲率。」

等級	每分尺寸	材斷面尺寸		應用範圍
		廣(高)15分	厚(寬)10分	
1	0.6	15×0.6＝9	10×0.6＝6	9-11間殿身
2	0.55	15×0.55＝8.25	10×0.55＝5.5	5-7間殿身
3	0.5	15×0.5＝7.5	10×0.5＝5	3-5間殿或7間堂
4	0.48	15×0.48＝7.2	10×0.48＝4.8	3-5間廳堂
5	0.44	15×0.44＝6.6	10×0.44＝4.4	小殿3間或大堂3間
6	0.4	15×0.4＝6	10×0.4＝4	亭、榭、小廳堂
7	0.35	15×0.35＝5.2	10×0.35＝3.5	小殿、亭榭
8	0.3	15×0.3＝4.5	10×0.3＝3	藻井、小亭榭

和諧的比例關係，使得建築的部件與部件之間，部件與整體之間構成爲一個統一的整體。當然，比例關係不是絕對的，它總是與一定的建築材料、結構方式、建築的體量、類型有著密切的關係。可以說，古典建築所表現出來和諧的比例關係，祇是就古典建築的形式而言的，它不可能成爲一切建築的金科玉律。

2.對稱

對稱是建築藝術中構圖和秩序組織的最基本方式之一，也是人們最早採用的方式。在建築藝術中，對稱主要表現在，(1)建築的立面（特別是正立面）的構圖；(2)

建築的平面以及建築羣的布局。

　　首先，我們來看建築的立面構圖。從水平線和垂直線上來看，中國的建築基本上都是分爲三部分的。從水平線上來看，中國建築的間數基本上爲奇數，如三、五、七、九等，這固然與中國傳統觀念中把奇數視爲陽數有關，但同時也是爲了形成左右對稱的立面構圖。再從垂直線上來看，中國建築可以分爲屋頂、屋身、臺基三個部分，屋身一般爲凹陷進去的，而屋頂和臺基則是凸現出來的，大體上也呈對稱方式。從而使得整個單體建築在水平線上和垂直線上都達到了匀衡統一的狀態。在西方建築中，哥德式建築的立面構圖也是呈對稱狀的，一般多爲一對塔夾著中間的山牆，整個立面的垂直線上分爲三個部分，呈左右對稱之勢。如巴黎聖母院就是典型的例證，見**圖2-2**。

　　其次，對稱被廣泛地運用於單體建築的平面的布局與建築羣的組織安排上，而且多爲軸線式的對稱方式。我們看到，在古羅馬的大型建築，連續變化的內部空間基本上是呈嚴格的左右對稱方式，如卡拉卡拉浴場的主體建築就是如此，中世紀的拜占庭建築，如聖索菲亞大教堂也是左右對稱的，而拉丁十字型教堂則是以中心點爲基準，呈放射狀、前後左右對稱的。我們知道，在中國建築中，對稱是最基本的，也是最重要的方式。除了在一般庭院空間中常見的軸線（直線）對稱外，還有多

重軸線對稱方式（如蘇州的一些民宅），在山地建築中，這條軸線還會隨地勢地形呈轉折狀。對稱方式也是靈活多樣的。

在建築羣的組織，乃至城市的布局規畫上，對稱也被廣泛地採用。中國古代的宮殿建築羣絕大多數呈軸線對稱方式；而整個城市又是以南北軸線爲主，東西軸線

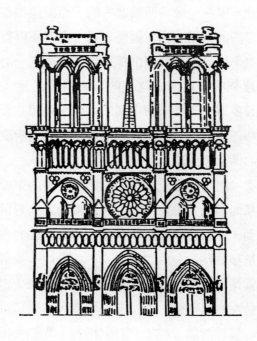

圖2-2　巴黎聖母院

爲輔,呈對稱方式來加以組織安排的。在西方,做爲城
市中心的廣場建築羣也是呈對稱方式的,如羅馬廣場。
對稱方式在西方,被古典主義建築師們備加推崇,在這
裏,甚至連花卉、雕塑、噴泉等景觀也呈對稱方式安
排,凡爾賽宮可謂之典型之作。

總體來說,在中西古典建築當中,較多地採用平行
式對稱方式,這就顯得比較機械、呆板,過於整齊畫
一。同時,這種平行式對稱,使得建築的空間表現受到
限制,過多地表現二度平面空間,而無法顯示三度空間
和四度空間的變化,這也是西方古代建築特別注重單體
建築正立面構圖的一個重要原因。

3.統一

所謂統一,也就是要把元素構成系列,把繁雜多樣
構成整體。這也是和諧美的基本要求。

其實,無論是比例關係還是對稱方式的運用,都是
爲了取得統一的整體感。在中西古代建築中,常見的統
一方法有:

第一,突出主體建築的支配作用,以綱帶目。在中
國的單體建築中,往往突出中間房屋的地位,在尺寸上
都比左右幾間要大。在羣體建築中,主體建築又處於統
攝地位,無論是建築的體量,還是位置,都是引人注目
的。如故宮建築羣中的太和殿就是這樣的建築。在中國
園林中,也往往有一主景(或主體建築)來統攝全體。

西方古代建築則更多地是以廣場上的敎堂建築作爲城市
的主體建築的。

　　第二，構件的連續重複也可以構成整體統一感。例
如，古希臘神廟建築中，連續圍柱的重複排列，也顯示
出一個完整性，拱券結構中連續的拱形的重複也是如
此。如果說第一種方法是一種從屬關係，那麼，第二種
方法則是一種並列的方式。

　　第三，建築性格的統一性，也就是指建築所顯示出
的基本情感色彩的統一性。例如，在中國古代建築中，
宮殿建築的基本情感色彩爲莊重、神聖、威嚴、至高無
上，因此，整個建築羣的各個部分，包括單體建築、裝
飾、布局規畫等等，都是圍繞這一基本主題展開的；而
園林建築的基本情感色彩是典雅、自然、幽靜，所以園
林中的景觀和建築都追求一種田園風光，反對雕飾，一
切都是隨機應變、靈活自如，而不留斧鑿之痕跡。就是
在園林當中，也會各有所重，有的強調雅，有的強調
靜，從而顯示出不同的性格特徵。所以，統一又是以顯
著的特徵爲標誌的。

　　當然，古代建築藝術對形式美規律的運用，並不限
於這三種。我們這裏只是擇其要者加以分析，以窺其一
斑。

四、　建築和諧美中的
　非和諧因素

　　我們從總體上肯定了中西建築和諧美的特徵。但同時我們也要看到在特定的歷史階段，這種和諧美中也包含著非和諧的因素。

　　先看西方的哥德式建築。哥德式教堂的外觀體量往往相當宏大，由於採用了尖拱結構，內部空間也富於變化。一般認爲，哥德式建築較完整地體現了基督教的教義精神，即給人以壓抑、矛盾、痛苦不安的感覺，另一方面，整個巨型建築又給人以一種輕盈上升的感覺，表示著對天國的渴望和嚮往——所以，哥德式教堂建築有著明顯的崇高藝術的特徵。當然，僅就此一點，還不足以完全否認哥德式建築所具有的和諧美性質。我們還是來看看歌德對斯特拉斯堡教堂的具體審美感受吧：

　　　　當我站在那座建築物面前，看到那令人驚嘆的景象時，我的感受又是多麼出乎意料之外。我的靈魂中充滿了一種偉大而完備的印象，這個印象由於是無數和諧的細節所組成的，因而是我所能品味和欣賞的，但是，卻完全不是我所理解和解釋的。我又多麼經常回去享受那種宛若置身天堂的愉快，去從我們老大哥的作品中領會他們那種巨人似的精神

呀！……有多少個黃昏時分的暮靄以友好的憩靜打
斷了我那應接不暇、疲倦不堪的眼睛的觀賞呀。在
我的眼前，無數零件溶合爲完整的部件，這些部件
樸質而又偉大地站在我的靈魂面前，我的稟賦都馬
上欣然起來享受和理解。……在晨曦中，它多麼經
常清新地來迎接我，我又多麼愉快地觀察著那些巨
大而和諧的部件啊。這些部件的無數細小的零件，
直到最小的纖維，都像永恆的自然作品一樣，充滿
了生氣，全部都多姿多態，全都同整體有關。這座
龐大的、基礎鞏固的建築多麼輕快地升到空中啊，
它是多麼殘破，又多麼不朽啊！……，但是，親愛
的青年人，如果你們激動地站在那裏，無法調和在
你們的靈魂中互相衝突的矛盾的話，你們就可以做
我的談心的友伴，你們一會兒感受到這個偉大的整
體的不可抵抗的力量，一會兒又指責我是一個夢想
家，說我在你們只看到氣魄和粗獷的地方看到
美㉛。

　　歌德在這裏顯示出一種矛盾的心理，一方面，他充
分肯定了斯特拉斯堡教堂所具有的和諧美：細部的裝
飾、有機整體性等；另一方面，也指出了這座哥德式建
築所具有的「偉大性」。在許多德國古典美學家那裏，
「偉大的」通常是與「優美的」相對而言的，它多指體

量之宏大，力量之巨大，具有超人的尺度，以及不可抵
禦的力量，一種震撼心靈的巨大效果──這也就是近代
崇高藝術的基本特徵。從歌德對斯特拉斯堡教堂的審美
感受中，不難看到，哥德式建築在美學上所具有的二重
品格，即和諧美與崇高美的統一。

　　實際上，西方建築從古羅馬開始，都追求體量宏
大，超人的尺度，驚人的效果等等，這些都顯示著一定
數量的或力量的崇高。發展到巴洛克式建築，為了表現
動感，以及某種騷動不安的情緒，建築師們甚至不惜犧
牲整體性和邏輯性，這一點，從米開朗基羅的作品中可
以看出。難怪那些具有古典審美趣味的人總是看不慣巴
洛克式建築，總是極力地加以貶低。巴洛克式建築表現
出不和諧的因素，是西方古代建築藝術和諧美旋律中不
和諧樂段的最強音。

　　同樣地，在中國古代的園林建築藝術中，也有著類
似的情況。我們知道，中國園林建築集中國古典詩畫、
建築藝術成就於一體，表現出對自然、平淡、寧靜、幽
雅、含蓄的和諧美的追求，是古代和諧美理想的典型代
表。但當園林建築發展到清代後期，也出現了非和諧的
因素。

　　在中國，文人參與園林活動，是與文人退隱以求自
適的人生態度有著緊密的關係，這一點在明末計成的
《園冶》中也有所反映，「輕身尚寄玄黃，具眼胡分青

白。固作千年事，寧知百歲人；足矣樂閑，悠然護
宅」，「悠悠烟水，澹澹雲山，泛泛漁舟，閑閑鷗鳥，
灑層陰而藏閣，迎先月以登臺。……尋閑是福，知享即
仙㉜。」顯然，在自娛自適的同時，骨子裏卻已開始流
露出無可奈何的失意之感。

這種思想發展到清代，以至於有人乾脆把園林的物
質形式也徹底否定了。清代的錢泳就認爲：

　　園亭不必自造，凡人之園亭，有一花一石者，
　吾來嘯歌其中，即吾之園亭矣，不亦便哉！……大
　凡人作事，往往但顧眼前，倘有不測，一切功名富
　貴，狗馬好玩之具，皆非吾之所有，況園亭耶㉝？

於是清代就有不少人開始紙上談園，在意念中構築所謂
的「無是園」、「心園」、「意園」、「烏有園」、
「將就園」之類的園林，類似於陶淵明的「桃花源記」
式的烏托邦。如果說，清代以前的文人士大夫尙能在園
林這片小天地之中品泉玩月，吟詩作畫，自命高雅，以
求得自適自娛，尋得一種精神上的自我安慰，那麼，到
了清代後期，文人士大夫的這一片小天地也開始發生了
動搖。這裏，就不僅僅祇是因爲仕途的失意，宦海浮沉
而對政治的厭倦，而是整個的人生信念開始發生了動
搖。從而由自我安慰走向混世再進而走向厭世。這就頗

似於《紅樓夢》的基本思想。顯然，這也是園林藝術和
諧美中不和諧的因素，是近代浪漫主義美學思想的萌
芽。

　　這裏，需要進一步指出的是，在中國古代園林建築
中，雖然出現了近代美學的思想萌芽，它也是古典園林
走向衰亡的徵兆，但這種思想畢竟未能賦予它以具體的
物質形式，它畢竟還不能成為具體的建築作品。可見，
建築藝術雖然受到時代審美理想發展的影響，但這種影
響的表現方式卻具有相當的特殊性。

第二節　技術與和諧美

　　中西古代建築表現出的和諧美特徵，是與古代建築
的技術緊密相聯的。可以說，古代建築的和諧美與技術
之間有著某種一致性。因為建築作為藝術，其表現形式
必然受到技術的制約，在建築中，技術與藝術是統一的
整體。

　　我們這裏的技術主要是指建築材料和建築的結構。
一定的材料和結構，總會影響甚至決定著建築藝術的表
現形式和內容。

首先，我們來看看建築材料。

在鋼筋混凝土材料產生以前，建築材料一般是以木材和石材爲主。中國建築基本上是採用木材，而西方古代建築自古希臘開始，基本上是採用石材。

與鋼筋混凝土相比，木材與石材本身具有許多侷限性。首先，鋼筋混凝土材料具有半流質性質，它可以隨意澆鑄成各種形狀的構件，而木材與石材則具有一定的固體性和僵硬性，因而其外形也就難於做較大的改變。所以，在藝術表現上，也受到了更多的限制；其次，無論是石材，還是木材，其長度、寬度、還有承受重力的強度都是有限的，這也給建築美的表現帶來了一定的困難。應該說，石材和木材作爲建築材料，從藝術表現的角度來看，它們都是不自由的，具有較大的侷限性的。我們很難想像，採用石材或木材去建造像雪黎歌劇院那樣的大型建築，或者去完成現代建築中常見的巨大的懸挑結構。見圖2-3。

中國古代建築基本上是採用木材。從材料性質來看，木材的長度有限，承重的強度也是有限的，再加上易於著火，還要防濕、防腐——這些在建築施工中都是應加以注意的因素。而木構建築多爲梁柱結構形式。梁柱結構的建築一般來說，其體量都不大，內部空間也比較簡單，建築物其立面的高度和平面的長度、寬度也不大，故易於形成一種較爲親切宜人的空間。加之木材相

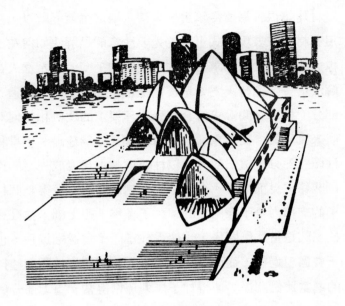

圖2-3　雪黎歌劇院

對於石材顯得更為輕便，所以中國建築往往在外觀造型
上顯得輕盈飛動，無論是大型建築的飛檐，還是造型各
異，姿態萬千的建築小品，如亭台樓閣，都充滿了動態
感，充分表現出中國古代藝術流動的精神和作為線的藝
術特徵。

　　與木材相比，石材承重強度要大一些，也不易損
壞。但石材比木材要厚實、笨拙。我們看到，西方古代
建築的承重牆遠比中國的土木結構建築的圍牆要厚重，
同樣地，石柱和石梁也較之木柱和木梁要厚重。這樣，

石材建築很容易變得笨重、呆滯、缺乏生氣。所以，採用石材，在表現形式上，首先要注意的是解決如何在支撐力和壓力之間尋求力學的、視覺的平衡。古希臘人在解決這一問題時，主要是透過在承重部分（柱）與重力部分（檐）之間尋求符合視覺心理要求的比例和幾何形狀來實現的。從承重部分來看，柱式分為柱礎、柱身和柱頭三部分，這三部分都以柱徑為基本尺度成一定的比例關係（見前文）。在柱身上則刻有凹槽，使得整個柱子的支撐力是平緩向上的；柱子多為下粗上細，柱高與柱徑的適當比例關係，也使得柱子既不會過細過長，也不會過短過粗，從而避免了視覺上的不適。柱距與柱徑的適當比例關係，使得柱子排列疏密得當。重力部分與承重部分的高度也有著一定的比例關係，在多立克柱式當中，檐部的高度約為整個柱子高度的四分之一，在愛奧尼克柱式中，兩者的比例則為五分之一。正是由於這些幾何形狀和以柱底直徑為模數形成的部分之間的比例關係，使得古希臘建築顯得莊重、典雅而又勻衡統一。由此可見，古典建築中的比例關係是與建築的材料有著密切的關係的。

在古羅馬以後的西方建築中，由於較多地採用了拱券結構，建築的體量增大，無論是高度、寬度和長度都有很大的增加，這也就使得承重部分與重力部分之間的平衡顯得更為重要。但由於拱券結構很自然地把承重部

分與重力部分統一爲一個有機的整體，兩者之間的區別
不如梁柱結構那麼界限分明。

其次，我們來看看建築結構。

中西古代建築基本上是採用梁柱結構和拱券結構，
或者兩者結合在一起。中國古代建築較多地採用梁柱結
構，拱券結構只是在橋梁、陵墓等類型中出現。

一般來說，古代梁柱結構的內部空間比較簡單，因
此，它往往把較多的注意力放在向外部空間發展。外部
空間一是指建築的外觀造型，二是指院落空間的組織，
即把外部自然空間加以巧妙地利用，使之成爲內部空間
的一種自然延伸。我們看到，在古希臘的神廟建築中，
對外部造型的注意明顯地大於對內部空間的注意。在外
觀造型上，除了講究重力部分與承重部分之間的平衡
外，還刻意雕飾，柱身被雕爲各式各樣的凹槽，甚至乾
脆用人像來充當柱子，柱部和檐部都飾有花草、動物或
幾何圖案，在山牆上則雕有各種神話故事中的場景。相
反地，其內部空間不僅形式簡單，也很少有什麼裝飾。
在中國古代建築中，除了注意在外部造型上追求形式美
的表現外，更多地是注意組織庭院空間，把多座的單體
建築組織成爲一個有機和諧的整體。

相對來說，拱券結構的內部空間要比石質梁柱結構
的內部空間要大，其內部空間的形式也要多樣化。這
樣，拱券結構在注意外觀造型的同時，也發展了內部空

間的藝術表現。自古羅馬建築開始，西方建築開始注重
內部連續空間的組織與安排，使得內部空間旣形狀各
異，又成爲有機的序列。與此相應的是，內部空間的裝
飾也得到了重視。這也就使得拱券結構建築的內部空間
雖然較大，體量也比較宏大，有著超人的尺度，但通過
內部空間的組織、裝飾，總體上仍體現出和諧美的精
神。

　　總之，古代建築由於技術方面的制約，使得建築藝
術本身的表現手段也相應地受到制約。在這種技術條件
下，古代建築藝術祇宜於表現出和諧美的特徵。實際
上，古代人甚至認爲科學技術本身也體現著和諧美的精
神，數量比例、幾何形狀體就是和諧美精神的表現，這
些認識也必然會影響到建築藝術美的表現。

◈注釋◈

① 《西方美學家論美和美感》第14頁，商務印書館，1980
年版。

② 亞里斯多德：《詩學》第25～26頁，人民文學出版社，
1962年版。

③ 《文藝理論譯叢》，1958年，第二輯，第34頁，人民文
學出版社。

④ 巴西利卡：指一種綜合用作法庭、交易所與會場的大廳
性建築。

⑤ 轉引自《美學譯文》第一輯，第181頁，中國社會科學
出版社，1980年版。

⑥ 《西方美學家論美和美感》第65頁，商務印書館，1980
年版。

⑦ 轉引自《美學譯文》第一輯，第186頁，中國社會科學
出版社，1980年版。

⑧～⑬ 轉引自陳志華：《外國建築史》第121、122頁，中
國建築工業出版社，1979年版。

⑭ 轉引自陳志華：《外國建築史》第143頁，中國建築工
業出版社，1979年版。

⑮ 高亨注：《周易大傳今注》，齊魯書社，1979年版。

⑯ 引文參見溫少峯、袁庭棟：《殷商卜辭研究》，四川社

科院出版社，1983年版。

⑰ 《中國美學史資料選編》上冊，第21頁，商務印書館，
1980年版。

⑱ 〈史記·秦始皇本紀〉。

⑲ 《三輔黃圖》。

⑳ 李遇春：〈宮殿建築史上的傑作——未央宮〉，《百科
知識》1986年第2期。

㉑㉒ 《古今禪藻集》。

㉓ 〈舊唐書·王維傳〉。

㉔ 〈舊唐書·司空圖傳〉。

㉕ 劉敦楨主編：《中國古代建築史》第19頁，中國建築工
業出版社，1980年版。

㉖ 計成：《園冶》。

㉗㉘ 陳植：《中國歷代名園記選注》安徽科技出版社，
1983年版。

㉙ 見[美]佛朗西斯·欽：《建築：形式·空間和秩序》第
313頁，中國建築工業出版社，1987年第1版。

㉚ 見李允鉌著：《華夏意匠》第213頁，（臺灣）龍田出
版社，1982年版。

㉛ 歌德：〈德國的建築藝術〉，轉引自鮑桑葵《美學史》第
398～399頁，商務印書館，1985年版，著重號為引者所加。

㉜ 計成：《園冶》。

㉝ 錢泳：《履園叢話》。

第三章

建築美的發展：內和外

在討論到中西古代建築藝術的歷史發展時，有一種觀點似乎爲許多人所贊同，即認爲西方建築從梁柱結構到拱券結構，其歷史發展線索十分明顯，即使是在同一結構形式中，其形式的變化也是多種多樣的。如古希臘的梁柱結構中就有多立克、愛奧尼克、科林斯等幾種不同的形式。拱券結構則有尖拱、半圓拱、十字拱等。反觀中國古代建築，其基本結構方式歷數千年而無根本性變化，外觀造型也基本上是採取了「大屋頂」形式。因此，中國古代建築藝術的歷史發展比較單一，缺少變化。

果眞如此嗎？

如果僅就結構方式和外觀造型上來看，上述觀點有一定的道理。但如果把它推至普遍，那就太武斷了。更何況，建築藝術並不完全等於結構方式，建築藝術美也不祇是表現在外觀造型上。建築藝術本質上是一種空間的藝術，考察建築藝術美的歷史發展，也應當從其空間組織形式的變化這一角度進行。正是基於這一出發點，我們認爲：中西建築藝術的歷史發展有著共同的基點：即以梁柱結構爲基本的結構方式，把建築作爲二度空間（立面的繪畫性）或三度空間（立體的雕刻性）的藝術，更注重於建築的外觀造型的形式美的表現。由此出發，中國建築藝術走向了外部空間的經營組織，而西方建築則發展了內部空間的藝術。因此，中西古代建築藝

術美的發展走著兩條不同的道路。也表現出兩種不同的
美學特徵。

第一節　共同的起點

　　從建築結構方式上來看，中西古代建築有著共同的
起點，它們都採用了梁柱的結構方式。不同是中國採用
的材料是木材，而古希臘採用的是石材。這一特點，在
很大程度上，也就決定了兩者在藝術美的表現方式上有
某些相同之處。這些相同之處主要表現在：

第一，兩者都表現出外部空間的組織傾向

　　由於木材和石材等天然建築材料本身具有較大的侷
限性，加之古代科學技術水準的相對低下，使得古代的
梁柱結構很難形成巨大的內部空間。我們看到，無論是
古希臘的神廟，還是中國古代的宮殿，其單體建築所圍
護的內部空間都無法與拱券結構以及現代建築所構成的
巨大而又完整的內部空間相提並論。所以，從空間藝術
的表現上來看，古代梁柱結構的建築內部空間往往比較
單一，面積較小，簡單而缺少變化，同時也是一種靜態

的整體空間，因而也就無法形成豐富多彩的內部空間的
組織藝術，因此，建築藝術美首先表現出向外部空間發
展的傾向。

　　古代的梁柱結構建築因其內部空間較小往往不能滿
足大空間的功能要求。爲了解決這一矛盾，人們也就很
自然地把注意力轉移到對室外空間的利用上來，也就是
採用把室外的自然空間作爲內部空間的一種自然延伸的
方法，來解決技術與功能要求之間的矛盾。我們看到，
古希臘的神廟建築由於內部空間較小而無法滿足大規模
的宗教儀式活動的需要，於是人們就在神廟前的廣場上
進行大規模的宗教活動。這樣，廣場就成爲室內空間的
一種自然延伸。在古代中國，人們解決這一矛盾的方法
是把幾座單體建築組織成爲一個有序排列的庭院空間。
中國古代皇帝上朝時，只有皇帝、近侍以及重臣才處於
宮殿內，一般的文武百官則侍立在宮殿前的露天庭院之
中，祇有當皇帝下旨召見時，才得進入宮殿內。同樣，
中國古代大型建築都表現爲以庭院空間爲單元的建築
羣。實際上，這是一種典型的外部空間的組織形式。

　　中國古代建築很早就形成了這種外部空間組織的特
點。考古資料表明，早在周朝就出現了完整而又規範的
四合院形式的建築，如陝西歧山鳳雛村西周建築遺址。
見**圖3-1**。同樣在周朝，還形成了一套從城市的布局規
畫到宮殿建築的組織安排的理論體系，而這也是建築外

部空間組織的一種形式。正是從這一傾向出發，逐漸形
成了以外部空間表現爲主的中國建築藝術的重要特點。
相比之下，古希臘建築雖然也表現出這種外部空間的組

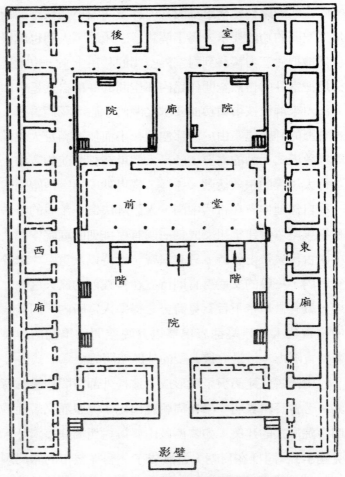

圖3－1　陝西歧山鳳雛村西周建築遺址平面

織傾向——例如，雅典的衛城就是把幾座單體建築以及
自然景觀因地制宜地組織成爲一個整體，但它遠不及中
國普遍。到古羅馬時代，由於拱券結構的使用，使得大
面積的內部空間成爲現實，西方建築進而轉入到內部空
間的表現。古希臘建築一般說來，更爲注重的是單體建
築的外觀形式美，這也是古代梁柱結構建築藝術的另一
個重要特點。

第二，刻意表現外觀造型的形式美

　　古希臘人傾向於把建築視爲雕刻藝術的一種特殊類
型，因而更注重於建築中立體性的外觀造型美的表現。
由於古希臘建築採用的是石材，使得古希臘建築更宜於
表現出雕刻的美。古希臘的神廟建築無論是柱身，還是
檐部都明顯地表現出受雕刻藝術影響的痕跡。有的柱子
本身就被雕刻成各種形式的人體形狀。

　　古希臘人在表現神廟建築外觀造型美上是頗具匠心
的。他們充分地運用了各種形式美的手段：比例、均
衡、平衡、協調、整個性、韻律等等。這些內容，我們
在第二章曾作過分析，這裏就不贅述。古希臘建築藝術
的這一傳統，一直被西方建築藝術加以繼承發展。直到
近代建築採用了新的材料和新的結構藝術，才使得西方
建築藝術逐漸擺脫了受雕刻藝術的支配和影響，但外觀
造型的形式美仍然是西方近現代建築藝術著意追求的美

學內容，祇不過是因其材料和技術與古代不同而表現形式有所差異而已。

同樣，中國古代建築藝術也注重表現外觀的造型美。

首先，從立面上來看，中國建築在垂直線上是由臺基、屋身和屋頂三大部分組成的。臺基是為了擴大建築的體量，同時也是為了與屋頂相對稱，互相協調。為了防雨，中國建築的出檐比較深遠，形成了獨特的「大屋頂」形式。為了解決「大屋頂」帶來的視覺上的不適──即上重下輕，從而顯得笨拙、呆滯──中國建築的出檐往往向上微微反翹，使得大屋頂所形成的向下壓力變成向上升騰之勢，從而使得整個單體建築顯得富有生氣，輕盈活潑。

再從水平線上來看，中國建築往往由三間、五間等奇數形式組成，這主要是為了使左右兩邊呈對稱之勢。而中間的一間則為中心建築，往往比兩邊顯得重要，也比左右兩邊的各間要寬。

其次，無論是屋頂的造型，還是門、窗的造型，都是豐富多彩的。就屋頂來看，有歇山、硬山、懸山、捲棚等多種形式。如**圖3-2**所示。門有圓形、拱形、矩形、半月形等等；窗也是有方有圓，形式多樣。這些不同形式的屋頂、門、窗、用在不同形式的建築上，豐富了建築的外觀造型。

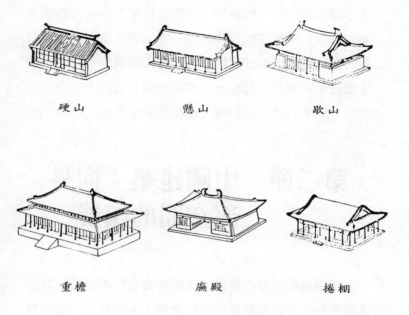

硬山　　　　　　懸山　　　　　　歇山

重檐　　　　　　廡殿　　　　　　捲棚

圖3－2　中國古代建築常見的幾種屋頂型式

　　最後，中西古代建築藝術的最初表現形式還有裝飾。我們看到西方古代神廟建築總有一部分是供作雕刻的裝飾之用的，例如在山牆和飾柱間壁上、在柱頭和柱礎上等等，都有作為裝飾的人、動物、植物的雕刻。同樣的，中國建築也十分注重裝飾，如在柱、屋頂、窗、欄等上面，雕飾動物及各種花紋圖案。裝飾也是古代建築藝術表現的一個重要內容。

　　總之，外觀造型的形式美既是建築藝術美的歷史發

展中最早出現的一種形態，同時也是建築藝術美的最基本的形態。中西古代建築藝術一開始都注重表現外觀造型的形式美。但由於建築材料和技術發展的不同，中西建築藝術在類似的起點上，朝著兩個不同的方向發展，從而形成了各具特色的兩大建築美學體系。

第二節　中國建築：向外部空間的擴展

　　中國建築美學的發展，是以外部空間的組織為其基本線索的。它以單體建築為出發點，先是構成一個具有組合功能的封閉的庭院空間，然後以庭院空間為基本單元，向縱橫兩個方向，尤其是向縱（南北方向）向加以發展，從而構成一個更大的閉合空間。一般較大的建築羣，如宮殿、寺廟等，都是採用這種方式，甚至民宅也採用了這種庭院空間的方式，北方的四合院就是典型的代表。有的民宅，雖然較小，是一單體建築，但也在其前後圍護一個簡單的庭院空間。所以，中國建築美學的歷史發展，是以外部空間的組織為基本線索，這一特徵十分明顯。具體地說，它包括：建築庭院空間的組織；建築羣以及城市的布局規畫；建築與自然環境的協調；

建築與景觀的統一等等內容。這也是中國建築藝術空間
表現的一個重要特徵：即從其中心點（往往是主體建
築）出發，向外擴展，形成了豐富的外部空間。

一、　庭院——基本的意念

　　中國古人是深知事物對立的兩極之間的相對性：沒
有絕對的大，也沒有絕對的小。大與小、美與醜、長與
短、善與惡、有與無、甚至生與死都是相對而言的。同
時，矛盾的兩極又是相互依存，相互補充的。這一點，
在老莊哲學裏有著突出的表現。老子在談到有與無的關
係時指出：

　　　三十輻共一轂，當其無，有車之用。埏埴以爲
　器，當其無，有器之用。鑿戶牖以爲室，當其無，
　有室之用。故有之以爲利，無之以爲用。

諸如車輪、器皿、居室，其中「有」的部分之所以能發
揮作用，是因爲有「無」的配合，有與無是相輔相成
的。
　　中國建築的庭院空間就充分體現出這一觀念。由於
材料和技術方面的侷限，古代梁柱結構的建築很難形成
巨大的內部空間，因而也就無法滿足人們的功能要求。

中國建築則巧妙地利用外部的自然空間，加以組織安排，使之成爲內部空間的一種自然延伸，從而彌補了由於材料和技術的原因而形成的不足。

最簡單的庭院空間是在單體建築前，用土或磚圍成一個院落，形成一個相對閉合的空間。

一般的庭院是在民宅中常見的四合院形式。即把各種有著不同功能的（堂、廳、廂房、臥室、廚房、貯藏室等）單體建築組織成爲一個閉合的庭院空間。它往往有一條南北走向的中軸線，沿軸線佈置主要建築，兩側以及其對面則爲次要的建築，然後再用圍牆或者廊廡構成一個長方形或正方形的閉合空間。這種庭院空間往往與外界相對隔絕，自成天地。

在一般大型建築中，往往由多重庭院空間組成一個更大的閉合空間。從總體上來看，中國的城市就是一個放大了的庭院空間，在這個閉合的空間內，是由衆多的較小的庭院空間組成，而又由城市的主體建築以及道路把它們組織成爲一個有機的整體，嚴格的軸線對稱和條塊分割，使整個空間的分割有著明晰的序列性，全城是由城牆、護城河圍護而成的。再從大型建築羣，如宮殿、寺廟、大型民宅等來看，它們往往也是由多重庭院空間組織而成的。在宮殿建築和寺廟建築中，它們往往是在中軸線上向南北方向加以擴展，形成多重庭院空間的。典型的例子如北京的故宮建築羣，就是由六個庭院

空間組成的。也有的大型建築是用多重軸線加以組織的，如蘇州的民宅。實際上，中國的園林建築也是閉合的庭院空間。

庭院空間實際上是單體建築之間的插入空間，或者稱之爲中間過渡性空間。它是內部空間的自然延續，同時又是內部空間之間的中介環節。庭院空間使得中國建築的空間形式具有多樣化的表現形式。作爲建築，一般來說，它祇具有三度空間性，而庭院空間的插入，使得中國建築除了三度空間以外，還具有二度空間和四度空間的性質。在庭院空間中，單體建築實際上是圍護庭院空間的一個組成部分，它有著牆、圍廊同樣的功能，在這個意義上，單體建築是二度空間的。由於中國建築又是由連續的庭院空間組織而成，空間的變化是沿時間序列組織而成的，這樣，作爲建築羣，它又具有四度空間的性質。

庭院空間是封閉的，但比起內部空間，尤其是西方宗教建築中的集中式閉合空間，它卻是開放的，一方面，院內可以種植花草樹木，自成天地；另一方面，日光月色，行雲柔風，皆入院內。這就把建築的內部空間進一步延伸到建築羣之外，成爲典型的人居環境。由此可見，庭院是中國建築的基本單元，或者說，它是主題、母題或者原型結構，大型建築羣的不同空間的組合方式祇不過是主題的變奏形式而已。

　　庭院的這一重要作用，還可以從中國建築的歷史發展中見出。我們看到，處於原始社會晚期的仰韶文化建築羣的布局就顯示出圍護庭院空間的企圖。再如陝西臨潼姜寨發掘的村落遺址就是如此。五組居住區的住房明顯地呈圓形佈置，中間則是一個自然空間。到了商代，從已發掘的河南偃師二里頭商代宮殿遺址來看，已經明確地用迴廊的形式圍護著一個庭院空間。此外，在河南安陽小屯村發掘的殷墟宮殿遺址中，也有著庭院空間的布局。不過，上述這些庭院空間的組織還是簡單粗糙的形式。如二里頭宮殿的院落空間，也祇不過是在宮殿（單體建築）四周以迴廊的形式加以圍護而成的。到了西周，庭院空間的組合有了一個明顯的突進，它表現為規範的四合院式的布局。陝西歧山鳳雛村的西周建築就是典型一例。整組建築規模並不大，由二進院落組成，有著一條中心軸線，在軸線上依次佈置有影壁、門、前堂和後室，前堂與後室之間用廊的形式加以聯接，東西二側則以廂房的形式組織成一個封閉的空間。布局嚴謹，規畫整一，顯示出成熟的平面空間的組織藝術，見**圖3-1**。

　　庭院空間作為中國建築的基本意念，實質上，它蘊含著一個重要的信息，即中國建築的空間不是以單體建築的內部空間為中心的，而是以庭院空間為中心的，也包括單體建築的內部空間。因此，中國建築的空間是向

外擴展的，其空間的藝術成就也就主要表現在外部空間的組織上。

二、　空間表現的藝術

中國建築外部空間的藝術成就主要表現在兩個方面：一是以中心線索爲主導，將不同的庭院空間組織成爲一個整體；二是以門、廊、窗等形式作爲庭院空間之間的聯繫手段，使得各個庭院空間旣有相對獨立性，同時又是整體當中一個不可或缺的組成部分，所以，整個建築羣雖然表現爲一個閉合空間，但其中的每一個庭院空間則是旣閉又開的，由此構成了組合性的空間。

在中國建築中，總有一條中心線索，把整個建築羣組織成爲一個有序的空間，這條中心線索在城市建築中就是城市和宮殿建築羣以及那些以庭院爲其基本單元的建築羣（如大型寺廟、民宅等）的中軸線。在後來的景區宗教建築、文人別墅、山莊以及園林建築中，它是遊覽線。這條中心線索使得中國建築由一般的三度空間發展成爲四度空間。中國建築的空間變化是在時間的延續中加以展開的，是在時間的變化中展示空間的節奏變化的，空間的節奏展現爲時間的序列；這種隨時間變化而帶來的空間變化，也就是我們稱之爲四度空間的藝術。這裏，中心線索起著十分重要的作用。在中後期的景區

宗教建築和園林建築中，這條中心線索的發展漸趨複雜，由直線變成爲曲線，由單線變成爲複線。與此相隨的是空間的變化也趨於複雜多樣，既有人工的建築圍護的空間，也有自然的山水空間。在這裏，中心線索又是導遊線。園林建築中的遊覽線路十分複雜，有如迷宮。但這些錯綜複雜的路線，又無不是精心經營安排的結果，因爲無論從哪一條路線走過，人們都會得到不同的空間感受，即使是同一條線路，順路而行與逆向而行，得到的空間感受也會有所差異。所以，儘管園林建築本身的佔地面積並不大，大則幾十畝，小則數畝，但其中的景觀卻是十分衆多，其根本原因也就在於衆多的中心線索的作用，這也就是通過延續時間的方式，即增長遊覽線來擴大空間變化。同時這些不同的路線，實際上又都是一些最佳的視點，爲遊客從不同的角度、不同的空間去品味玩賞景觀提供了條件。園林之所以有「城市山林」之譽，其根本原因也就在於它在不大的閉合空間內包含了極其精巧的、紛紜複雜的空間變化和景觀變化。

中國建築羣是在庭院空間的基礎上沿中軸線向縱橫兩個方向發展，以擴大建築的體量、面積。其中又多採取向縱深空間發展的方式。即沿中軸線，一個接者一個地排列著衆多縱向的庭院，構成了具有深度空間的建築羣。在園林建築中，也有這種情況，即整個園林是一個閉合空間，在這個大的閉合空間內，又用圍牆或走廊分

割成一個個相對獨立的閉合空間，這也就是一個個的自然景區。不同於建築羣的布局，它並不一定多採取在縱向空間鋪開的方法，而是有橫有縱，同時，也不如一般建築羣那樣具有嚴格的中軸線。

這種以庭院爲基本單元的建築羣，又是以門、廊、窗等形式相互聯接起來的。每一個庭院都是一個相對獨立的單位，但又透過門、廊、窗等形式，把一個個的庭院組織成一個巨大的建築羣，形成了既閉且開的空間系列。在這裏，門起著十分重要的作用，它成爲每一組庭院式建築空間之間的轉換點，即它標誌著一組建築院落空間的完成，又標誌著另一組閉合空間的開始，門在其中起著過渡銜接的作用。如北京的故宮建築羣，從南門到太和殿，要經過九座形狀各異，極爲高大宏偉的城門，一個個門洞，把人們一步步引入到縱深空間，從而領略到從序曲到高潮的整個故宮建築羣的全貌。全部的六個閉合空間（庭、院、廣場等），都是靠一個個門洞聯接起來的。

我們再來看看園林建築。一般規模較大的園林，也是由幾個不同的、相對獨立的景區組織而成的。這些不同的景區，也是依照門、廊、窗等形式聯接起來的。景區與景區之間的分割，則往往是以牆或建築物來完成的。在這些牆上，往往有很多的窗和各種形狀的門洞，這些門洞和窗於是就成爲一個個固定的景框，如同流動

畫面中的一個定格，突出表現某一特定的景觀，從而巧
妙地把景區從一個閉合空間引渡到另一閉合空間。這
樣，使得這些牆成爲既隔又不隔，虛虛實實，構成了一
個有機的整體。不難看出，中國古典建築藝術在空間處
理上，門和窗佔據著十分突出的重要作用。如同屋頂造
型的千姿百態一樣，門和窗的造型也是豐富多樣的：門
有方形、圓形、橢圓形等等，窗有方形、圓形、扇形等
等，這些造型本身就具有一定的審美效果。

　　這種向外擴展空間的方法，也與中國古人的哲學觀
念有著緊密的關係。〈易‧繫辭〉就十分強調「觀」的
作用。「觀」就是看，是視野的擴大，「觀乎天文，以
察時變；觀乎人文，以化成天下。」觀是了解自然和社
會的重要途徑。春秋戰國時期就修築了大量的樓臺高層
建築，「觀」也因此成爲建築的一種形式。如在城樓上
的「觀」主要是用於軍事目的，也有用於宗教、科學等
目的的「觀」，道家則乾脆把自己的宗教建築稱之爲
「觀」。可見，中國建築在要求圍護一個封閉空間的同
時，又極力主張空間的向外擴展，甚至是尋求一種無限
多樣的空間。這種空間觀念比較典型地反映在園林建築
之中。我們看到，園林一方面都是封閉的院落空間，但
另一方面園林又講究借景，把園景伸展到園外，使園外
的景觀也成爲園景的一部分。這就形成了中國建築在空
間表現上既閉且開的特點，同時它也可以說反映了中國

古人對時間空間的一種矛盾心理（詳見第四章）。

　　總之，中國古代建築羣一般是由許多相對獨立的閉合空間組成的，這些閉合空間沿中心線索鋪開，各不相同，有主有次，層次分明，從而構成了一個有起有伏的空間系列。這些系列空間的聯接和過渡是靠門、窗和廊等形式來完成的，從而構成了一個有機的組合空間。這種組合空間，既是封閉的，又是向外擴展的，從而形成了獨特的外部空間組織的藝術。這也是中國建築藝術精華之所在。

三、　三種形式

　　中國建築外部空間的組織藝術主要有三種形式，其成就也相應地體現在這三種類型的建築上。

1.城市建築

　　城市建築是以都城建築爲典型代表的，它主要包括兩個方面的內容：一是城市的布局規畫，一是宮殿建築。

　　首先，我們來看看城市的總體布局規畫以及城市內容的組織安排。

　　中國很早就形成了一套理想的都城規畫布局的理論。「匠人營國，方九里，旁三門，國中九經九緯，經塗九軌，左祖右社，面朝後市。」這是成書於春秋末年

的《考工記》所記載的周代關於城市規畫的論述。這一論述一直成爲中國古代都城規畫的基本觀念。其基本特徵可以歸結爲：整個城市呈方正形（或長方形），主要街道成縱橫方格網絡式佈置。全城有一條貫串南北的中心軸線。另外還有一條較爲次要的東西方向的中軸線。以這條南北縱向軸線爲中心，整個城市布局呈左右對稱，依次加以展開。再從城市的內容來看，沿南北軸線展開的是一系列城市的主要建築。前文已指出，都城按照功能、等第等觀念畫分爲三大部分。這三大部分又是以宮殿建築羣爲中心向四周擴展開來的。顯然，這種以中心爲出發點向四周擴展的布局方式，也是外部空間組織的一種表現形式。所以，完全可以把城市稱之爲擴大了的庭院。

中國的城市規畫布局在周朝就基本上形成了一定的格局。秦漢時期是中國建築史的一個高潮。關於秦都的布局規畫，現尚無可靠的史蹟、史料、故難以確定其歷史面目。西漢的長安城基本上呈不規則的矩形，每邊都開有三門，整個宮殿建築佔據了全城面積的一半以上。五個宮沿南北軸線交替布局，呈不規則狀，商業區則集中在城的西北角。顯然，西漢長安城的布局與周制是有差異的。但東漢的洛陽城則基本上是按周制進行布局規畫的。與西漢長安城相比，洛陽城比較規整，基本上呈長方形，宮殿區也處於城市的中心位置，所佔面積也比

長安城的宮殿區要小。北魏的洛陽城，則根據《考工記》的有關制度加以進一步改進，使得整個城市的布局規畫以宮殿爲中心，依次展開爲有著不同功能、不同階層等級之別的分區。宮殿前有一條南北向主幹道——這也是城市的南北軸線，在這條軸線兩側建有宗廟、大社、宮署、寺廟之類的主要建築。形成了以宮殿區爲中心，由內向外且有整體性的布局規畫。秩序嚴謹，爲後來都城建築的布局規畫的發展奠定了基礎。

隋唐兩代都城都建在長安。隋代大興城的規畫明顯地受到北魏洛陽城的布局規畫的影響，而唐代則基本上是沿用了隋代都城的布局方式。總而言之，長安城呈方正形，不過宮城並不一定處在城市的中心。宋代的東京城是在舊城的基礎上改建而成的，也基本上符合《考工記》的營國制度。

北京是元明清三代的都城，它是中國古代都城布局規畫的典型代表。北京城的基本輪廓呈方正形，宮殿區的中軸線也是整個城市的中軸線。由於地勢比較平坦，又屬新建，這些都有利於按照《考工記》的營國制度來進行規畫。總的來說，道路比較平直，規畫整一，呈網絡狀布局。從內容上看，它又是由宮城、皇城和都城三大部分組成，共有三重城牆。明清兩代則在此基礎上加以進一步的改進完善。從有關的史料及目前保存的現狀來看，北京城的布局是以皇城爲中心，皇城呈不規則的

方形。沿一條南北軸線展開。這條長達七‧五公里的中
軸線，也是全城的中軸線。在這條軸線上，除了宮殿建
築以外，還有鐘樓、鼓樓、社稷壇、太廟、天壇等一些
主要建築，它們都是對稱性的布局。以此爲中心，由內
向外，分布著其它的較爲次要的建築。應該說，北京城
的布局比較充分地體現了《考工記》的布局規畫的觀
念，從而成爲古代城市規畫成就的傑出代表。

其次，我們再來看看宮殿建築羣。

宮殿建築作爲封建王權的象徵，也是整個都城的主
體建築。在中國歷史上，幾乎每一個封建王朝都極爲重
視宮殿建築。宮殿建築在中國建築美學史上占有重要地
位。

中國宮殿建築羣的外部空間組織形式可以說在周代
就奠定了基本的格局。這一點，我們可以從《考工記》
和考古資料中得到佐證。從《考工記》等史料中可以看
到，周朝的宮殿建築羣是按照不同的功能劃分爲不同的
建築區，然後再把它們組織成爲一個有機整體。所謂
「三朝三門」制就是周朝宮殿建築羣空間組織的基本特
點。即在一條南北軸線上，佈置有外朝（大典、處理獄
訟、公布法令之處）、治朝（日常治事之地）、燕朝
（册命、君臣議事、禮賓活動之處），相應地也有三
門：即廟門、應門、路門。這裏實際上也就是連續庭院
空間組織的一種基本形式。從考古資料上也可以看出，

周朝已經出現了嚴格的規整劃一的庭院空間形式。因此，有理由說，周朝建築的空間組織形式爲中國建築的藝術發展奠定了基礎。

秦漢的宮殿建築雖然就單個宮殿來說，還是講究左右對稱，有一定的布局觀念。但就整個宮殿建築羣來說，卻表現爲一個個相對獨立的宮殿區，缺少總體規畫的觀念。到了隋唐時，則恢復了周代的宮殿縱列方式，實行了「三朝五門」制，從而使宮殿建築羣重新被組織爲一個整體。唐代大明宮就是按照這種方式來建造的。全宮呈不規則的方整形，有一條南起丹鳳門，北至太液池的中軸線，在這條中軸線上，依次排列著含元殿、宣政殿、紫宸殿等主要建築，軸線兩側襯之以樓閣亭臺，如含元殿左右兩側就是昭慶門和含耀門、樓鳳閣和翔鸞閣，在這兩閣之間，則是一條長達七十五公尺的龍尾道。大明宮的這種營建方式對後世影響很大，元、明、清的北京城的宮殿建築就基本上繼承發展了這一傳統。下面，我們重點分析一下故宮周圍建築羣的空間處理的藝術。

首先，我們從縱向空間來看。從大清門至太和殿，先後要經過五座門，六個閉合空間（庭、院、廣場等）。在這南北軸線上，一線排列著一重重門，一層層臺階，一直延續到太和殿的臺階。從天安門到太和門的通道上，一眼望去，門洞套門洞，從而造成了深不可測

的莊嚴、神聖的效果。其次，我們再從橫向空間來看，
穿過大清門，是狹長的千步廊空間，這裏的空間冗長而
又逼仄，整個氣氛緊張而又壓抑，在此之後，則是橫向
展開的天安門廣場，迎面矗立著天安門城樓，整個空間
又變得豁然開朗，構成了故宮建築羣的第一個高潮；在
天安門與午門之間，又是一個收斂的較小的空間，在端
門與午門之間，又呈現出深而封閉的空間，盡端是雄偉
的午門，這是第二個高潮；過了午門，空間漸趨開闊，
過了太和門，則展現為約三萬平方公尺的橫向廣庭，氣
勢十分宏偉，廣庭正面是太和殿，這是第三個高潮。

　　從大清門到太和殿的一千七百公尺長的南北直線
上，整個建築羣的空間變化，有張有弛，高潮疊起，在
前奏與高潮之間，層層鋪墊，從而使得整個建築羣的空
間變化，在寬與窄、閉與開、高與低、壓抑與開朗之
間，過渡得十分自然。整個空間變化給人帶來的審美感
受是既莊嚴又神秘，既舒展又緊湊。從大清門到太和
殿，其空間變化帶來的審美感受是多種多樣的，它充分
顯示出中國建築在時間上展開空間變化的這一特點，請
看**圖3-3**。

　　總的來說，中國的城市建築，無論是布局規畫與組
織安排，還是宮殿建築羣的組織，基本上是呈網絡狀布
局和線性布局的。這還是一種嚴謹的人工空間環境。是
一種非常規則的組織方式。所以，它給人的審美感受是

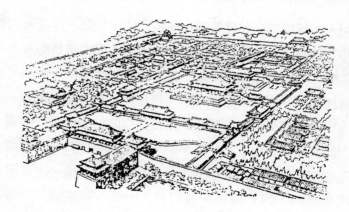

圖3－3　故宮鳥瞰

莊重、明朗、符合邏輯性。這種布局方法，總是有意識地設計安排一個高潮，在高潮到來之前，必須有一系列的鋪墊和準備過程。也就是說，存在著一個十分明確的中心建築。我們看到，故宮建築羣在達到高潮——太和殿之前，不僅有著天安門、午門兩個次高潮加以鋪墊，而且還反覆透過空間的大與小、閉與開、寬與窄之間的對比映襯，以渲染高潮的到來。因此，這種線性布局方式，有著強烈的導向性。與此一致的是，這裏的庭院空間也基本上是矩形。因此，我們看到，中國四合院建築之所以前輕後重，原因也就在此。

2.景區宗教建築

城市建築，無論是就城市的布局規畫，還是宮殿建築羣空間的組織形式，總的來說，都還是一種人工空

間。而景區的宗教建築則不僅涉及人工空間，還涉及自然空間問題，也就是要把建築的人工空間與風景的自然空間加以協調組織，構成一個有機的整體空間。顯然，這種外部空間組織所涉及的問題比城市建築要複雜。

中國建築很早就開始利用自然空間的條件，以加強空間處理的藝術效果。在早期的宮殿建築中就有這種情況。如《水經注》卷十九記載：「高祖在關東，令蕭何成未央宮，何斬龍首山而營之。……山即基闕，不假築，高出長安城。」可見早在西元前二〇〇年時，人們就懂得如何把建築與自然環境結合起來。但這種對自然條件的利用還是粗糙的、簡單的。自兩晉南北朝起，由於佛教的傳入，並與中國的儒道學說相融合，使得中國美學史上第一次出現崇尚自然美的潮流。這一潮流也影響到建築美學的發展。於是，在著名的風景勝地，開始出現了許多宗教建築①（主要是佛教和道教）和文人的山莊別墅。前者形成了獨具特色的景區宗教建築，而後者則直接啓發了文人園林的立意和置景。

據史料記載，早在南北朝時期，在著名的風景勝地，如五台山、九華山、嵩山等地都出現了佛教建築。廬山有東林寺，著名的僧人慧遠就在此修行。西湖也曾是道學家葛洪煉丹求仙之處。到了宋代，已形成了四大佛教名山（山西的五台山、安徽的九華山、四川的峨嵋山和浙江的普陀山），此外還有許多道教名山。遺憾的

是，我們現在無法了解到最初的景區宗教建築的歷史面目。現在的四大佛教名山以及其它一些景區宗教建築，如四川的青城山、河南的嵩山、湖南的衡山等等，也是經後人不斷修繕、擴建的結果。但由於中國建築歷史本身沒有太多的複雜的變化，我們還是可以由此而揣測其歷史發展的面貌。

如果說宮殿建築羣在布局和空間處理上，表現出嚴格的規範性和邏輯性，主要是以人工為主，那麼，景區的宗教建築羣則巧妙地把建築作為整個景觀的有機部分來加以處理。所以，景區的宗教建築雖然也是在時間中展開的空間節奏，但其時間序列和空間節奏都有獨特性：首先，建築羣基本上是在遊覽線上展開的，而遊覽線則不可能是直線的，因而建築羣也不可能是嚴格的南北軸線式的對稱布局，主體建築也往往分布在主要的景觀區，沿途再輔之以閣、亭、廊，使得整個建築羣顯得靈活多樣，空間與空間之間銜接得十分巧妙，又與整個景觀協調一致，做到了自然空間與人工空間的統一；其次，單就某一院落式建築而言，這裏也沒有採用嚴格的直線對稱形式，往往順乎地形，因勢利導，呈多次曲轉折形。再者，由於中國的建築本來就不向高層空間發展。再加上這種巧妙而靈活的布局方式，從而使建築與自然景觀統一起來，人工與自然成為一個有機整體。

可以肯定的是，位於山地景區的宗教建築羣，由於

所處的地理環境的制約，絕對不可能採取理想中的城市
建築的布局方式來進行，這是其地理條件所不允許的。
同時，採用這種方法，必然會嚴重地破壞自然景觀。一
般來說，景區的宗教建築在選址上有兩種類型，一是在
山峯、懸岩峭壁、地勢險要之處。最典型的此類建築要
數山西省境內的懸空寺了。全部建築緊依山崖而立，以
木柱爲其底座，彷彿懸在山崖之中。此外，如九華山、
青城山，往往在山的主峯上建立寺院。這類建築能夠居
高臨下，視野開闊，尤其是當人們從山底登上主峯，歷
盡辛勞之後，頓時都會產生一種豁然開朗的感覺。而這
又與超塵脫俗、君臨一切的宗教意識相一致。第二種選
址方法，多是在谷底建立寺院，如杭州的靈隱寺，建於
北高峯與飛來峯之間的谷底，前有溪水潺潺流過，後緊
依北高峯，整個建築旣不會破壞自然景觀，同時，又透
過幽深的自然環境來進一步渲染具有神秘色彩的宗教氣
氛。再如普陀山的慧濟禪院，深藏谷中，四周奇峯環
抱，幽篁密布，從而達到了宗教與環境在氣氛上的一
致，建築與景觀的協調。這兩種選址方法，一般來說，
都不動土方，不破石相，也不會過多地破壞已有的草木
植被。這樣，也就避免了建築對自然景觀的破壞②。

我們知道，景區的宗教建築往往是一組建築羣，所
以在同一組建築羣中，上述的兩種選址方法有可能同時
運用到。也正是由於選址的特殊性以及景區的自然環境

的特殊性，以而使得景區的宗教建築在空間處理上具有相當大的靈活性、自由性。因此，景區的宗教建築雖也採用傳統的院落式的方式，但與城市建築相比，具有了自己的獨特性，也獲得了更為深厚的美學意義。

為了避免建築物對自然景觀的破壞，景區宗教建築在單體建築的建造上，也不拘一格，採用了許多靈活自由的方法。常見的有：

臺　即在相對平坦的地面上，順乎地形，稍加整理，即成臺基，在臺基上建構房屋。這是常常採用的方法。

吊　吸收南方吊腳樓建築的特點，在建築的某一面（側面或正面），用石或木柱作為支撐柱，由此形成房屋的基面。如前面提到的懸空寺，就是典型的一例。

跌　在建築中，其整個基面隨地勢呈階梯狀跌落，房屋則沿此階梯狀基面成等高線佈置，整個建築羣顯得上下起伏、錯落有致。如四川灌縣的二王廟就是典型的例證。

此外，為了擴大建築的內部空間，同時又不至於破壞已有的地形地貌，景區的宗教建築還較多地採用「挑」和「披」的方法。所謂「挑」，即利用挑枋或撐拱懸伸出挑樓；「披」也就是披檐。這些方法，都是向橫向空間的擴展，既不要求占據大面積的地面（以保持地貌），同時又不向高層空間發展（以保持立面上視野

的開闊性）。

　　上述的幾種方法，都比較靈活機動。既保證了建築與自然景觀的協調性，同時又豐富了建築的外觀造型。

　　景區宗教建築外部空間組織形式的主要特點爲：在重要的風景區設有較大的寺廟，又以大寺廟聯接著衆多的小寺廟，以遊覽線把各大、小寺廟以及主要的風景點聯繫在一起。在主要風景點又構以各種亭、閣、廊等小品建築，以供遊人賞景、休息之用。這一切設計佈置都是爲遊人準備的，具有明顯的導向性。遊人從山下走到山頂，沿途可以體會到各種各樣的空間變化。首先，從山下望去，飛檐重重，在綠蔭叢中，若隱若顯，別是一番情趣。這裏，建築空間的藝術處理融入到更大的自然空間之中。遊人一路上來，既有入乎其內，細細品味那窄小而多變的自然空間：沿著曲折小徑，時而峭壁孤岩，時而幽谷深澗，危峯疊嶂，崎嶇多盤，再輔之以廊、閣、亭、橋等建築形式；同時又能出乎其外：一登上主峯，則是如履平地，從而領略到廣闊無垠，萬峯俱收的宏大氣勢。一路上來，有出有入，有寬有窄，既有自然（風景），又有人工（建築），而就整體上來說，建築又溶爲自然的一個組成部分，兩者成爲有機的統一整體，從而給人以具體多樣的審美感受。

3.園林建築①

　　城市建築是人工的、具有明晰的邏輯性的組合空

間；景區宗教建築則是把建築的空間與自然空間溶爲一
體。而園林建築則是另一種形式的人工空間，它兼顧了
城市建築與景區宗教建築外部空間組織之特點。

　　從總體上來看，不同於景區宗教建築空間所具有的
開放性特點，園林建築也是一個四周圍護的閉合的庭院
空間，這一點，它與城市建築相一致。另一方面，園林
建築又不同於城市建築，即在外部空間的組織上所具有
的嚴格的軸線對稱，明晰的邏輯性、序列性和規範性，
它是沿遊覽線加以展開的，要求把景觀與建築協調統一
爲有機整體。在這一點上，它又與景區宗教建築有著相
同之處。可以說，園林建築繼承發展了中國傳統建築以
時間爲線索來組織空間的這一特點，代表著中國古代建
築在空間組織上的最高成就。具體來說，其成就表現
在：

第一，遊覽線的組織作用

　　不同於城市建築採用的對稱式的軸線佈置方式，園
林的空間組織是以非對稱方式進行的。但這種非對稱性
的布局方式，又不是把園林的要素：樓臺亭閣、館堂廳
榭、山石草木以及水池等等，加以隨意地、無序地、無
目的地拼湊在一起，而是透過遊覽線把建築與景觀統一
爲整體。這些建築或景觀往往是根據對比的原則，或者
是情感上的內在聯繫（這種情感上的聯繫主要取意於中
國古典詩詞中的情景關係。詳見第七章）。例如，空間

變化上的深與淺、開與闔、寬與窄、放與斂、大與小等等。正是以遊覽線爲線索，按照對比原則、情景之間的內在聯繫，構成了作爲整體的園林藝術。

我們知道，宮殿建築爲典型代表的傳統建築形式，都是以中軸線爲中心，呈左右對稱平行式布局的。這種方式，雖然也體現出時—空統一性，具有四度空間的特點，但仍有其明顯的不足之處。首先，從空間上來看，平行對稱式布局，很難見出建築在三度空間的立體感，正面的建築以及兩側的建築都祇表現出二度空間。所以，從空間表現的層次上來看，這種方式缺少更爲豐富的層次變化 其次，這種布局方式比較機械，空間變化也基本上限於長方形和正方形，容易顯得單調、呆板和僵化。而園林建築的布局方式，則克服了這些不足。首先，它取消了軸線式的對稱平行方式，而是以遊覽線貫串全園。高低起伏、曲折有致的遊覽線在園中九曲迴腸，綿延不斷，實際上，它爲遊覽者從不同的角度去觀賞景致、建築提供了可能。遊人從遊覽線上走過，同時也是在不斷地變化著視點，乃至於同一景觀，可以從不同的角度去欣賞。可以說，觀賞宮殿建築羣，遊人的視點雖然也隨遊覽線而變化，但總的來說，卻是受到種種限制。而欣賞園林，遊人的視點則是自由的、變化的。這樣，循徑遊園，景隨人移，移步換景，即使是同一景觀，也會因視點的不同而呈現出不同的藝術效果，這也

就是所謂的「橫看成嶺，側看成峯」。

　　再與景區宗教建築加以比較。景區宗教建築也是透過遊覽線把建築與景觀統一在一起的。但是，第一，景區宗教建築的遊覽線是單線的，它雖然也提供了移動的視點，但不能提供多角度、多側面的視點，也就是說，對於同一景點，也只能從較少的角度去觀賞；第二，在景區宗教建築中，在建築羣的布局上，還明顯地受到宮殿建築羣布局方式的影響，較大的寺廟，往往也還是採用軸線對稱平行式的布局方式。這也就影響了其空間層次表現的多樣性。

　　顯然，園林建築空間變化的層次要遠比宮殿建築和景區宗教建築豐富。這在很大程度上要歸功於其布局的靈活自由性。

第二，利用各種輔助性建築以構成輔助性的過渡空間

　　中國建築由於以連續的庭院空間作爲基本單元，所以，空間的過渡性就成爲空間組織中的重要內容。在庭院空間中，其單體建築本身也要充分考慮到前後庭院空間的組接問題。爲了構成流通的空間，單體建築立面成凹形狀，即檐口與臺基是向前突出，而柱子、額枋、斗拱等結構構架則是向後退縮。這樣，單體建築的正立面就有兩個平面，由此構成了一條橫廊。這種安排，一方面突出了建築立面空間的層次性，另一方面，它也使得內部空間和外部空間之間的過渡銜接十分自然。

　　園林建築繼承了這一傳統。一方面，在單體建築中較多地運用欄杆、檻框、格扇、漏窗等形式，構成似斷似連的空間，使得內外空間聯接成為一個整體。另一方面，又利用大量的輔助性的建築，如亭、廊、廡、堤、橋、隧洞等，來聯接空間和景觀。這些輔助性的小品建築，既是聯接體、中介環節，同時又是作為景觀出現的，具有審美意義。其作用是多重的：

　　首先，組織空間。亭、廊、廡等都是開放的空間，特別是迴廊形式，一方面它把景區分為不同的部分，另一方面，這兩方面又不完全隔絕，似斷又連，從而構成多層次的空間。例如上海的豫園，在「翠流」與「玉玲瓏」之間，一堵粉牆把它們分割成為兩個不同的景觀；同時又巧妙地利用園門把兩者連接起來。園門的兩側，一面是鋪在溪流上的三折石橋，另一面則是山石「玉玲瓏」，而園門正好是兩個高潮之間的巧妙過渡。如**圖3-4**。再如頤和園中水面的長堤，將湖面分為東西兩部分；還有「豫園」中的「兩宜軒」──一臨水小軒，遊人在軒上探首可以臨水觀魚，仰視又能面對山石。以一小軒把兩處景觀聯接起來。此外，還有運用漏窗的形式，即在建築物或牆垣上，開有各種形狀的窗戶、門洞，以構成似隔非隔的效果。

　　其次，賞景的最佳視點。亭、閣、軒、榭、廊等，既是供遊人休憩的場所，同時也是觀景的最佳視點。遊

人沿遊覽線一路走來，景隨人移，視點是變化的，而當
遊人在亭閣軒榭駐足觀點，則是固定的視點，故這些小
品建築選址往往重要，一般要求視野開闊，或者與某一
重要景點相望。如蘇州拙政園中的遠香堂就是典型的一
例。再者，牆垣上的各種窗、門洞，也是一種景觀的
「框架」，在園林中我們常看到，透過窗或門洞，往往
有花木或幾株修竹隨風搖曳，從而有一種引人入勝的效
果。

第三，豐富多彩、富於層次感的空間組合

　　園林佔地面積並不大，往往小則數畝，大則數十
畝。但其中卻包含著極為豐富的空間變化和景觀。這固
然與其獨特的空間組織藝術有著緊密聯繫，同時也與其
置景方法有關。

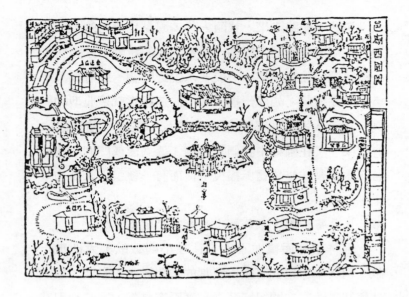

圖3－4 《上海縣誌》裏的豫園圖

　　如同中國宮殿建築羣中總有一個主體建築一樣，在園林眾多的景觀中，一般來說，總會有一個景觀是主要的景觀，多數情況下，這一主要景觀也是園中的主體建築。如蘇州的拙政園就是以遠香堂爲中心的。這個中心控制著整個園林的空間處理，從而使這個園林的空間變化有主有次，層次分明，結構完整。

　　園林在園內組織空間變化的同時，還把園林的空間進一步擴大到園外，使有限的空間表現出無限的景觀變化。這就是借景方法的運用，即巧妙地利用自然環境，

略加修飾，即成景觀。計成在《園冶》中指出「夫借景，林園之最要者也」，「軒楹高爽，窗戶鄰虛，納千頃之汪洋，收四時之爛漫」，如「窗含西嶺千秋雪，門泊東關萬里船」，就是一種十分巧妙的借景。借景很早就被運用於園林藝術中。據李格非《洛陽名園記》記載，當時的園林「環谿」就巧妙地運用了借景的方法：「榭南有多景樓，以南望則嵩山、少室、龍門、大谷，層峯翠巘，畢效奇於前；榭北有風月台，以北望隋唐宮闕，樓殿，千門萬戶，苔蘚璀璨，延亙十餘里。」明清兩代的頤和園、拙政園、豫園等都大量地運用到借景的方法。因為借景往往不需要增大園林面積，同時又能豐富園林的景觀和空間層次的變化，是一種十分機巧的方法。

第三節 西方建築：轉向內部空間的表現

古希臘人似乎更傾向於把建築視為雕刻藝術，他們把自己的主要注意力放在柱式的造型、比例以及梁柱的關係上。至於建築的內部空間則比較單一，遠沒有柱式變化的豐富多彩。但西方建築發展到羅馬帝國，其藝術

美的表現形式就有了新的變化。在注重建築外觀造型美
的表現的同時，開始注重建築內部空間的組織。於是，
發展了獨特的內部空間的藝術表現，構成了西方建築藝
術的重要特色。

一、　歷史發展

　　西方建築內部空間組織的發展，基本上可以分為兩
個階段。從古羅馬帝國到現代主義建築興起之前，這是
第一個階段，這時的內部空間主要還是一種封閉的內部
空間。而現代主義建築的興起，則形成了新的空間觀
念，要求內部空間與外部空間之間要相互統一，以構成
開放的、流通的空間。

1.封閉的內部空間

　　西方建築對內部空間的注意是與拱券結構的採用分
不開的。實際上，羅馬人與希臘人在建築空間觀念的理
解上是有明顯的差異的。如果說，古希臘人把建築等同
於雕刻，著意表現建築的外觀造型的形式美，那麼，羅
馬人在繼承這一傳統的同時，也開始了注重內部空間的
藝術表現。一個明顯的事例是，同是梁柱結構，而古羅
馬人則「將包圍希臘神廟外部的柱廊移入室內去了」，
「其中一切造型的裝飾都是為了增進這種空間效
果」④，這本身就意味著對內部空間的一種理解。可以

　　認爲，古羅馬建築代表著西方社會一種新的建築空間觀念。

　　新的建築材料和新的結構技術的運用爲新的空間觀念的發展提供了可靠的條件。古羅馬採用了天然的混凝土，即以火山灰爲主，加上石灰和碎石作爲主要的建築材料。這種材料的優點在於，它具有半流質性質，可以隨意澆鑄成各種形狀的構件。與這種新材料相適應的是，古羅馬建築採用了拱券結構。此後，西方建築主要採用的是拱券結構，內部空間的藝術表現與拱券結構技術的不斷改進是緊密聯繫在一起的。

　　最早的拱券形式是筒形拱和穹頂。著名的萬神廟就是典型的穹頂形式。這種結構有許多明顯的不足，首先，筒形拱和穹頂所覆蓋的內部空間是單一的、集中式的，其內部空間的面積也還是有限的。儘管萬神廟的穹頂直徑達到四十三‧三公尺，爲古代世界建築之最；其次，沉重的頂部需要厚實的、連續的承重牆來支撐，爲了抵禦側推力，有的牆垣甚至厚達幾公尺。參見**圖3-5**。

　　顯然，這種結構形式下的內部空間依然是單一的、靜態的、缺少變化的。當人們步入萬神廟內，首先看到的是處於圓形穹頂下的遼闊的空間，頂部是近似蒼穹的大穹頂，穹頂直接由承重牆支撐，面積宏大的內部空間是完整統一的整體，沒有加以任何的分割和破壞。半球

形屋頂和圓形的集中式的底部組成了完整的內部空間。
而頂部直徑爲九公尺的圓形天窗又把建築的內部空間與
外部天空聯接起來。內部空間的各種裝飾，如穹頂上的
凹格，牆面水平環線的畫分，裝飾的壁柱、壁龕，都進
一步強化了內部空間的整體性（古羅馬人把柱飾、雕刻
等裝飾由建築的外觀移到建築物的內部，這也表明了古
羅馬人對內部空間藝術表現的重視）。

　　無論如何，古羅馬人是無法滿足於這種單一的內部
空間的，他們要求進一步解放內部空間。這就需要進一
步改進拱券結構技術，擺脫承重牆。終於，十字拱的發
明，滿足了這一要求。

　　所謂十字拱，即在呈方形的四角各設一支柱，十字
拱覆蓋在支柱上。這樣，就擺脫了笨重、厚實的承重
牆，終於得以形成連續的、相互流通的巨大的內部空
間。古羅馬的巴西利卡、公共浴場等建築都是採用連續
排列的十字拱結構。顯然，這種連續的十字拱所覆蓋的
內部空間比筒形拱和穹頂結構所覆蓋的內部空間要大得
多。正是在這一基礎上，古羅馬形成初步的內部空間的
組織藝術，即呈軸線對稱式布局的有序列的內部空間。
由此開始了建築藝術美表現的一個新的領域。

圖3－5　（羅馬）萬神廟內景

　　公共浴場和巴西利卡代表了這種內部空間的藝術成就。試以卡拉卡拉浴場爲例說明之。先看**圖3－6**。卡拉卡拉浴場有一條中心軸線，在這一軸線上，依次排列著冷水浴、溫水浴和熱水浴三個大廳。冷水浴爲一露天浴池，溫水浴的中央大廳則是由連續的三個十字拱連接而成，使得大廳的空間既開闊又富於層次感；作爲結束，熱水浴大廳是一個集中式的空間──一個上有穹窿的圓形大廳。穹窿直徑爲三十五公尺，廳高四十九公尺，其規模僅次於萬神廟。在這條中心軸線兩側，又以更衣室、門廳、柱廊等等構成較爲次要的縱軸線和橫軸線。兩條主要的縱橫軸線相交於溫水浴大廳，使這個最爲開闊的空間成爲整個建築的重點。不同的柱廊、穹頂、拱頂既使得空間的畫分富有層次變化，又形成了不同形狀的空間形式。整個浴場內部空間的大小、開闊、高矮在軸線上交替變化，既豐富多彩，又流轉貫通，成爲一個整體。

　　歐洲中世紀的建築發展，也是隨著結構技術的不斷改進而進一步發展空間組織藝術的。這主要是以拜占庭建築和哥德式建築爲代表的。

　　拜占庭建築是從古羅馬的穹頂結構和集中型制的基礎上發展起來的。早期羅馬的穹頂式集中型制的結構由於依賴厚實的承重牆的支撐，所以，其內部空間是單一的，面積的擴展也是有限的。拜占庭建築對內部空間的

發展，首先必須進一步改進穹頂結構技術，擺脫承重牆。

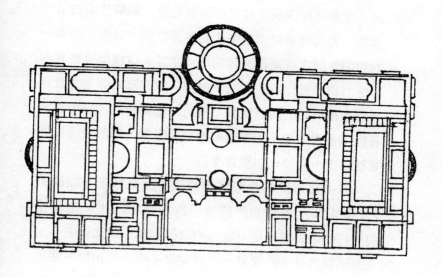

圖3－6　卡拉卡拉浴場平面圖

　　古羅馬的集中式建築其穹頂是依賴連續的承重牆支撐的，其後發展起來的十字拱雖然擺脫了承重牆，但它形成的不是集中式的內部空間。拜占庭建築則是要形成既連續不斷、相互流通的內部空間，同時這種內部空間又必須是集中式的。它的具體做法是，在方形的空間上，或者是在四根支柱上，覆蓋穹頂。結構技術的這一改進，大大地發展了集中式的內部空間。首先，由單一的封閉空間成爲連續開闊的流通空間，這樣使得整個內部空間富於變化性。其次，由單一的圓形內部空間發展成爲多種形狀的內部空間：既可以是圓形的，也可以是各種正多邊形的。內部空間的藝術處理，顯然變得更加靈活自由，其變化也豐富多彩。

　　拜占庭建築的典型代表是聖索菲亞教堂。如**圖3-7**。聖索菲亞教堂的內部空間既是集中的，又是多樣的。它的中央部分是一巨大的穹頂空間。以此爲中心，南北兩側爲分隔的樓層，東西兩側各爲半穹頂形空間，形成了以東西爲主的，有著明確中心的縱深空間。東西兩側的半穹頂空間又明顯地具有向心性，這樣更加突出了中央穹頂的主導地位。顯然，同是集中式空間，聖索菲亞教堂比起羅馬萬神廟，首先是空間更爲寬敞；其次是增加了空間的層次變化。這無疑是對集中式空間的發展。

圖3-7 聖索菲亞教堂內景

　　哥德式建築則是對羅馬拱頂結構的進一步發展。它是在十字拱的基礎上採用了曲肋拱和尖拱作爲整個建築的結構模式的。曲肋起著承重骨架的作用，這樣避免了原來十字拱的結構本身的厚重。由於拱結構本身重量的減輕，這樣使得支座的厚度也相應地可以減小，同時，拱券結構的側推力被移至內部空間之外——教堂兩側外牆上，而不像羅馬式拱券結構，側推力依靠厚重的承重牆或支柱來抵禦。這樣，從支座到尖拱，呈強烈的向上升起的動勢，而不像羅馬建築那樣具有厚重感，不是支柱被動地承受著拱頂的重量，而是整個結構彷彿像從地

下生長起來的大樹。在這裏，垂直線佔據了主導性地位。裸露的結構，使得整個內部空間也顯示出強烈的動感，顯然，它與古希臘羅馬建築內部靜態空間形成了鮮明的對比。

哥德式教堂還特別強調縱向空間的序列性。其中廳往往都不夠寬，多爲十多公尺，但都很長，如巴黎聖母院爲一百二十七公尺，韓斯市主教堂爲一百三十八·五公尺。同時，中廳都比較高，一般都在三十公尺左右。這就構成了敎堂內部空間在縱向和垂直線上的雙重變化。在縱深方向上，連續的兩側的支柱呈規律性的排列，具有強烈的導向性，使人的注意中心集中在祭壇上。而垂直方向上，從支柱上升起的細肋拱又呈現出強烈的向上升騰之勢，從而把人的注意力又引向天空。所以，在哥德式敎堂建築中，存在著縱深方向和垂直方向的兩種都具有強烈動感的空間。

由於哥德式敎堂建築結構具有一定的框架結構性質，所以，在它裏面，幾乎取消了牆面。這就使得：其一，其內部空間是相互聯繫的，所有的部位，主堂與側堂之間是相互開放的，流通的。其二，採用彩色玻璃窗；又使得內部空間與外部空間之間相互聯繫起來，進一步豐富了內部空間的變化。玻璃的色彩多達十餘種，陽光透過玻璃照射到敎堂內部，使得敎堂內部色彩斑爛，十分耀眼。進一步加強了內部空間的藝術效果。

　　總體來看，哥德式建築的內部空間的藝術處理達到
了一個新的高度。這種空間效果又是與宗教精神是一致
的。它充滿了激動、嚮往，同時又有著強烈的向心力，
鮮明的空間對比，富於戲劇性的變化。這些，都為基督
教宗教精神的傳播有較好的服務作用。

　　不同於文藝復興以前的西方建築，巴洛克式建築在
西方建築史上則開創了另一種新的空間觀念，開始探索
新的建築藝術的表現方法。我們知道，西方古典建築是
以清晰性、邏輯性和完整性為特徵的，無論是建築的外
觀，還是建築的內部空間，都是追求一種完整的幾何形
狀，即或矩形、或圓形。而巴洛克式建築則不然，為了
更好地表現一個動態的空間形式，巴洛克式建築故意破
壞古典建築的邏輯性和完整性，打破古典建築在內部空
間的畫分上幾何形的完整性，它以一種不連續的、間斷
的、非對稱的方式來破壞古典式的構圖，從而表現出一
種新的內部空間形式。可以說，巴洛克式建築是對古典
建築的「規則」的一次反動。因此，歷史上，偏好古典
趣味的建築史家和藝術史家總是極力貶低巴洛克式建
築。相反地，那些主張創新、變革的史學家們則極力推
崇巴洛克式風格的獨創性。在我們看來，要正確地估價
歷史上的每一藝術思潮，都必須以發展變化的觀點去看
待，而不應以傳統的、固有的標準去對待，否則，就不
可能有創新和發展。因此，對巴洛克式建築，不能用古

典建築的「語匯」和標準去貶低它。

　　不同於以前的西方建築，每一次的內部空間的變化，都是與結構技術的變革緊密聯繫在一起，巴洛克式建築在結構技術上並沒有多大的創新，它主要是透過構圖的變化、裝飾以及其它藝術，如繪畫、雕刻等的手法來表現新的內部空間的觀念。「巴洛克」一詞本意就是指畸形的珍珠。巴洛克式建築內部空間的主要特徵表現為：

第一，非和諧的空間形式

　　古典建築追求的是完美的和諧性。這種和諧性，也就是整一性，即局部與局部之間、局部與整體之間處於一種必然的、不可或缺的聯繫之中，移動其中任何一個細微的部分，都會破壞這種整一性。而在巴洛克式建築中，這種古典空間的和諧性被打破了，各部分之間不再是必然聯繫，而是間斷的聯繫，空間的節奏不是呈連續的規律性變化，而是流動的、跳躍性的，明顯地表現出一種不和諧性。內部空間也不像古典建築那樣，表現為完整的幾何形狀，即一種已完成的空間形式，巴洛克式建築的內部空間則是流動的、不規則的。它是以流動的面和組合的幾何形以構成一個動態的空間的。因此，巴洛克式建築還追求偶然性，一種令人感到驚訝的、出乎意料的藝術效果。也正是由於這種基本性質上存在著與古典建築的差異，使得巴洛克式建築受到了許多偏好古

典趣味的人的指責。

第二，動態的空間

　　古典建築作為一種已完成的空間，它是靜態的，這在古希臘和古羅馬的建築中表現得最為充分。而巴洛克式建築的一切表現手法，都是為了要形成一個動態的空間形式。首先，古典建築中平直的牆面和直角被彎曲起伏的牆面所取代，牆面變得凸凹不平，像波浪一樣流動著。其次，我們知道，古典建築的內部空間表現為或矩形或圓形的完整的幾何形，而巴洛克式建築的內部空間則表現為幾何形狀的組合，即把幾個不完整的幾何形片斷組合在一起。最典型的例證莫過於波洛米尼⑤設計的聖卡羅教堂。如**圖3-8**所示。它是由幾個橢圓形的局部組合而成的。這種連續變化的牆面所圍護的空間，顯然具有一種組合的性質，因而具有著強烈的動感。最後，為了形成動態的空間，巴洛克建築還利用了其它的藝術手段，如光影的奇幻變化，充滿運動感的繪畫和雕刻，以及運用透視原理來增加空間的層次變化。如伯尼尼⑥設計的梵蒂岡教皇接待廳前的大階梯就是典型的一例。

　　這樣，現代主義建築之前的西方建築，就其內部空間而言，我們可以粗略地把它們畫分為這樣的三個代表性的階段。總的來說，不同於中國古代建築，內外空間是流通的，融合為一體的；西方古代建築還主要是圍護一封閉的內部空間，然後透過運用各種手法來表現內部

圖3－8　（羅馬）聖卡羅教堂

空間的變化。因此，中國建築是以內外空間的流通爲特
徵的，而西方建築則是以內部空間爲其特徵的。儘管在
空間的組織和表現上，兩者有相通之處，如呈有序布
局、軸線對稱等，但這畢竟是有著兩種不同觀念的空間
形式。

2.現代建築的空間觀念

由於科學技術的發展，促使西方人，第一，對空間
的理解再也不侷限於單一的三度空間形式，而是把時—
空間作爲一個統一體來加以對待；第二，科學技術的發
展使得西方建築的材料和結構技術都有了新的變化。現
代建築採用新的材料和結構技術，特別是鋼筋混凝土或
鋼鐵的框架式結構技術的採用，使得西方建築新的空間
觀念得以在建築中表現。

現代建築在空間表現上最大的特點在於：首先，其
內部空間是一個動態的流通過程。古典建築的內部空間
基本上是一種靜態的形式，各個獨立的空間之間也還祇
是靜態的平列關係。而現代建築則繼承了巴洛克建築的
傳統，其內部空間彼此之間則是流動的，明顯地表現爲
一個運用發展的過程；其次，古典建築的內部空間基本
上還只是封閉的，而現代建築則是內外空間統一的，呈
開放性的特徵。關於西方現代建築的空間特點，我們將
在第八章作進一步地詳細的討論。

二、 組織形式和藝術表現

由於對內部空間組織的注重，西方建築史形成了豐
富多樣的內部空間的組織形式，相應地也形成了以內部
空間爲主的藝術特色。在西方建築史上，常見的幾種內

部空間組織形式有：

1.集中式

所謂集中式空間，是指圍繞一個中心點來組織空間系列，各次要空間都明確地指向中心點。這種內部空間形式，具有明顯的向心力、內聚力，是收斂式的，中心點成爲整個空間的高潮，也是注意力的中心所在。集中式空間多爲規則的幾何形，其中又尤以圓形、正多邊形爲多。古羅馬的萬神廟就是一典型的集中式空間，不過這種集中式空間還是一種單一的、簡單的圓形。到了中世紀的聖索菲亞教堂，集中式空間就開始變得複雜起來，即圍繞中心點（中心空間）來組織一系列的次要空間，以增加集中式空間的層次變化。十六世紀帕拉蒂奧設計的圓廳別墅就是一種富於層次變化的集中式空間。

2.軸線對稱式

軸線對稱式內部空間，是指空間沿中軸線呈有規則的排列，而在軸線的兩側，又並列著兩兩對等的空間。其特點是具有一定規律性的空間的重複和再現，因此，空間變化有著一定的層次感和節奏感。但總體上來說，這種空間形式更主要的是一種靜態的並列形式，空間之間雖然是連貫的，但卻不是流動的，也就是說，有著一定的幾何形狀的各個空間都有著各自的獨立性，而不能更有機地融合爲一個整體空間。這裏，還只是空間的分隔。軸線對稱式布局的典型形式是古羅馬的公共浴場和

巴西利卡等大型建築。在這些建築中，有著兩條相互垂直的縱橫軸線，圍繞這兩條軸線，左右前後基本上都呈對稱佈置。中世紀的教堂建築則更突出縱向軸線，特別是拉丁十字型制。文藝復興時的一些府邸建築也有採用這種方式的，如義大利的道利亞府邸就是較爲典型的一例。

3.組合滲透式

　　西方古典建築的內部空間主要還只是一種靜態的空間的分隔，也就是說，它更偏重於把一個完整而較大的內部空間以柱、牆等形式分割成爲眾多而較小的、有著相對獨立性的空間，各部分空間之間雖然是貫通的，聯繫在一起的，但卻是一種靜態的並列。巴洛克式建築在內部空間的組織上開始了新的探索，創造了新的空間觀念，這也就是組合滲透式空間的運用。所謂組合滲透式，也就是指內部空間的各個較小的部分，在保持自己的相對獨立性的同時，更主要的是相互融合，從甲空間到乙空間再到丙空間，是一個流動的過程，而不是靜態的並列關係。這樣一來，組合滲透式空間的主要特徵是：第一，內部空間是動態的、流動的，而不像古典建築那樣，是一種完整的、靜態的幾何形狀空間，它更主要地表現爲幾何形狀的組合，以此來形成動態空間：第二，把時間這一變量引入到空間的變化之中，從單純的、靜態的三度內部空間走向了動態的四度空間。這種

組合滲透式空間，巴洛克式建築可以說是最初的探索者，而到今天，它已成為現代建築的重要特徵之一。

西方建築內部空間常見的藝術表現手法有：

對比與重複　對比是空間組織中常用的手法。在西方建築中，最為成功地運用對比手法的是哥德式教堂，它在縱深空間和垂直空間之間形成有力的對比：一方面，有規律排列的柱券將人的注意力引向空間的深處，另一方面，彷彿植根在地面而向上升起的尖拱又把人的注意力引向了天空，兩者形成了鮮明的對比，這是兩種方向的空間對比。此外，還有空間形狀的對比，即不同的幾何形狀之間的對比，如古羅馬的卡拉卡拉浴場，在其主軸線上，排列著各種矩形空間，最後是一個集中式的圓形空間。

與對比相反的是重複。重複是相同空間形式的連續再現。這種空間的重複在軸線對稱式布局中多有採用。例如，卡拉卡拉浴場在橫向軸線上就是兩兩相對等的空間呈對稱性重複。此外，如哥德式建築中，柱券的連續重複性排列，也構成了一種重複性的空間。重複性空間往往節奏感明顯，富有韻律感。

序列　又分為規則性序列和非規則性序列。

規則性序列，是指內部空間之間的變化有著一定的韻律感，而且一般都有一個中心點，或者說高潮點，整個空間的布局安排都是為了形成這一高潮，或者是圍繞

中心點來進行的。規則性序列，往往是透過一系列變化的空間要素，把人的注意力一步步地引向高潮，而高潮處，則是注意力集中且長期停留之處。這種形式的內部空間的特點為明確、莊重、突出主旨，較多地運用在教堂、會議廳、劇場等公共建築之中。如哥德式教堂建築就是通過兩側柱券的變化把人的注意力導向祭壇這一高潮的。

非規則性序列則是指內部空間布局的非軸線對稱性。不同於規則性序列，這裏的空間運動是出其不意的，在前者中，人的運行路線是直線的，而這裏則是曲線的，同樣地，牆面或走廊、樓梯都被處理為彎曲的，以此來引導人們的運行；在前者中，人們的運行，都時刻在期待著高潮的到來，可以說，目標是明確的，而在這裏卻很難說有什麼高潮，人們很難預料下一個將要出現的空間將是一個什麼樣的變化。這種空間較之規則性序列，更富於動感和浪漫情緒，它較多地出現在現代建築之中。

序列空間的兩種方式在外部空間的組織中也有所採用。如中國的宮殿建築就是典型的規則性序列，而園林建築則是非規則性序列。

此外，西方建築內部空間的藝術處理，還注重空間的層次、韻律、流通等。它與中國建築的外部空間的處理也有不少類似之處。

◈注釋◈

① 中國沒有產生嚴格意義上的宗教，因而也沒有嚴格意義上的宗教建築。宗教（佛、道教）建築基本上採用了世俗的建築方式（如北魏的永寧寺就是宮殿建築的形制，見楊衒之《洛陽伽藍記》）。梁思成先生對此有很好的分析（見《清華大學學報》8卷第2期）。但我們認爲，中國的景區宗教建築在空間組織上卻能自成品格，在中國建築美學史上佔有一席重要地位。

② 本段的論述參考了周維權《山岳風景名勝區的建築》一文。見《建築學報》1987年，第5期。

③ 這裏的園林主要是指江南私家園林。

④ 布魯諾・賽維：《建築空間論》第43、44頁，中國建築工業出版社，1985年第1版。

⑤ 波洛米尼：(1599～1667)，義大利文藝復興時的建築師。

⑥ 伯尼尼：(1598～1680)，義大利文藝復興時的建築師。

第四章

～～～～～～～～～～

建築美的表現：動和靜

　　人們喜歡把中國的建築比喻爲中國的手卷長畫；而
西方人則把自己的建築喻之爲雕刻，或者稱之爲「凝固
的音樂」。這些比喻的確道出了中西建築藝術在表現形
式上所具有的不同特徵：中國建築的空間是運動的，是
在時間中展開變化的，而西方古代建築的空間則是靜態
的。

第一節　立面與平面

一、　單體建築與羣體建築

　　中國建築一般都採用木材的梁柱結構方式，形式比
較單一。我們已經指出，由於早期建築科學技術的不發
達，使得這種梁柱結構建築本身的體量有限，所圍護的
內部空間也是十分有限的。這就形成了技術與功能之間
的矛盾。有時候，單體建築甚至不能滿足一個較大家庭
的需要（中國的家庭一般都比較大，往往是幾世同
堂）。

　　要解決這一矛盾，方法有二：一是向高層空間發

展，以擴大單體建築的面積；二是向平面空間展開，即
把各種具有不同功能的單體建築組織在一起，構成一個
建築羣體。在中國建築史上，上述兩種方法都曾出現
過。向平面空間展開的方法，我們在第三章已談及。據
現有的史料來看，在殷代和漢代先後都採用過第一種方
法，即向高層空間發展。據〈考工記・匠人〉記載：
「殷人重屋，堂修七尺，四阿重屋。」這裏的「重屋」
就是樓房，大量的甲骨文資料也說明了這一點（見第二
章）。從現已出土的漢代的陶器和畫像磚、畫像石等間
接資料中，也可以看出，在漢代就出現了高達五層的建
築，至於三層、四層建築的形象也多有發現。如**圖4-
1、4-2**所示。再者，從中國古代木塔所表現出的技術
能力來看，
即使是採用木材料，中國古人也很早就具備了構築高層
建築的技術能力。但高層建築並沒有形成中國建築的主
流，中國建築並沒有向高層空間發展。更主要的是傾向
於採用第二種方法，即把有不同功能的各種單體建築組
織在一起，以構成一個建築羣體。我們看到，在中國古
代建築中，這種組合式的建築羣明顯地佔據著主流。一
般的民宅，往往採用四合院的構成方式，這種四合院成
爲中國建築的基本單元。大型的建築也是在四合院的基
礎上向縱橫兩個方向加以擴展的。如宮殿、寺廟等大型
建築基本上都是採用這種方式。即使是當中國建築具有

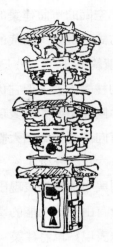

圖4－1　河北望都出土的望樓

圖4－2　甘肅武威出土的碉樓

了構築大面積內部空間的單體建築的能力時，它也還是
採用這種組合的方式。例如，唐代的宮殿建築——大明
宮的德麟殿，面積約五千平方公尺，採用了面闊十一
間，進深十七間的柱網佈置，但它仍然是一個圍護的庭
院空間。所以，中國建築明顯地表現出羣體性（至於中
國建築爲什麼沒有向高層空間和大體量的單體建築發展
的原因，見第五、六章的分析）。

而西方建築則與中國建築表現出明顯不同的特徵。
西方古代建築很少有由不同功能的單體建築組合而成的
建築羣，更主要地表現爲單體建築。西方古代建築主要
是宗敎建築。從古希臘社會一直到中世紀基督敎的鼎
盛，在長達二千多年的歷史時期內，其宗敎儀式活動都
具有很大的規模。應該說，西方的宗敎建築更需要圍護
大面積的內部空間。

我們已經指出：古希臘人是利用神廟前的廣場（自
然空間）來舉行宗敎儀式活動的，以此來解決功能與技
術之間的矛盾。這裏雖然也表現出對外部空間利用的傾
向，但總的來說，古希臘的神廟仍然以單體建築爲基本
單元的。

古羅馬人採用的拱券結構，終於使西方圍護大面積
的內部空間的企圖成爲現實，使得技術與功能之間的矛
盾得以解決。試以古羅馬的萬神廟爲例，其單一空間的
直徑已達到四十三·三米，而公共浴場的建築則形成了

連續的內部空間。公共浴場雖然也表現爲建築羣體，但它不同於中國古代的建築羣，以插入空間的形式——庭院來把單體建築組成爲整體，使得單體建築既是羣體建築的組成部分，同時又保持著自己的相對獨立性。而古羅馬的公共浴場建築則是緊密相聯，以此構成連續的內部空間，單體建築在這裏與其說是形成建築羣的組成部分，不如說是形成連續內部空間的一個構件。所以，公共浴場也是以單體建築形式出現的。

隨著技術的不斷改進，西方建築逐漸擺脫了承重牆，拱券結構本身也不斷地改進，特別是哥德式建築，使得西方建築圍護的內部空間越來越大。這樣，西方建築以單體建築爲基本單元的特徵也就越來越明顯。

正是由於解決了技術與功能之間的矛盾，西方建築沒有必要按照中國古人的方式來解決技術與功能之間的矛盾——把具有不同功能的單體建築組織成爲建築羣體。連續的、大面積的內部空間使得宗教、政治、商業等各種大型公共活動都可以在內部空間進行。所以，西方建築明顯地是以單體建築爲其特徵的。

二、　平面與立面

單體性與羣體性，使得中西古代建築美在表現形式上各有側重。

　　中國建築羣是在平面空間上展開的，它以時間爲組
織線索，因此，中國建築的空間是四度空間，它的空間
變化是在時間的節奏上展示的，因此，建築的空間也是
動態的空間。從這一基本點出發，中國建築美更側重於
表現在平面的動態的空間的組織上。

　　中國各種類型的建築藝術表現，都是圍繞這一基本
特點展開變化的。四合院式的民宅、宮殿建築羣規整嚴
格的空間變化、景區宗教建築自然空間與建築空間的統
一、園林建築空間的複雜多樣，實際上都是圍繞時間序
列展開的。所以，中國建築的空間變化旣是平面的，又
是動態的。也正是在這個意義上，中國的建築類似於中
國的手卷長畫。

　　中國建築的不足在於：它沒有把過多的注意力集中
在單體建築的立面（二度平面）空間的外觀以及三度空
間（形體）的造型上。儘管中國建築在立面和形體上不
無自己獨特的美學風貌，但總的來說，這種外觀造型一
旦確立下來，雖有數千年的歷史，但沒有什麼根本性變
化。所以，中國建築是以羣體組織見長的。這很容易使
人想起秦始皇兵馬俑。就其規模之龐大，氣勢之宏偉，
世界雕刻史上幾乎沒有什麼作品可以與之媲美；但倘若
就單個雕刻作品所表現出的個性化特徵，以及人物的精
神，內心世界的豐富性，秦兵馬俑的絕大多數作品可以
說，甚至無法與古希臘雕刻的一般作品相抗衡。雖然，

中國建築也表現出這一差異：中國建築重整體，強調統一，但單體建築變化不多，基本上是類型化，而西方建築則側重於單體建築，而對羣體性重視不足。這兩者之間的差別，或許就是中西兩種不同文化精神的形象化的說明。

西方建築的單體性特徵，使得建築美的表現更側重於外觀造型的美觀。西方建築是三度空間的立體，同西方的雕刻一樣，建築的美也必須遵守造型藝術的審美要求：即表現的是一種靜態的美，而不能表現動態的變化。古希臘建築的外觀造型其檐部和柱部就顯示出完美的和諧，和諧也就是一種平衡、一種靜態的美。當拱券結構最初爲羅馬人所採用時，人們一時還尚未找到合適的與新技術相適應的外觀形式，所以，萬神廟的外觀造型並不十分成功。這時新材料、新技術與審美表現之間還不是很適應。但西方建築經過不斷地探索，終於形成了適宜於拱券結構的外觀形式，其典型的形式就是哥德式的宗敎建築。典型的哥德式敎堂的構圖其垂直方向和水平方向都分爲三個部分。往往是一對塔夾著中廳的山牆，底部有三座門洞，中部有著圓形的玫瑰窗，以象徵天堂。從整體上的構圖來看，哥德式建築也是嚴格地講究對稱、均衡、比例等造型藝術的形式美規律的。

西方建築也表現動態，但這種動態不是引入客觀的時間序列，而是以空間的靜態去表現時間的動態，一種

視覺上強烈的動感。古希臘神廟建築的柱式，在柱身上雕上凹槽，柱子下粗上細，也就是以靜態的方式表現向上的運動，整個柱式造成的視覺效果是動態的。哥德式建築外表向上的動感也十分明顯。整個立面的構圖，是從下向上呈收斂式的，底部較厚實，頂部則較尖細；從細部來看，越向上，裝飾越多，垂直線條佈滿全身。特別是尖拱的運用，使得整個教堂表現出強烈的向上飛騰之勢。這種以靜態方式表現動感在巴洛克式建築中達到了極致。為了表現動態。除了突出垂直線構圖和線條本身動感的作用之外，還大量地運用曲線、曲面，同時還藉助於光影的明暗對比，繪畫、雕刻等形式以表現動感。有些建築甚至不惜犧牲整個構圖的邏輯性和完整性。

　　十分明顯地，西方建築美除了表現在內部空間的組織與安排上，還表現在二度空間（立面）的構圖以及外觀造型上。無論是二度空間的立面，還是三度空間的形體，都是靜態的存在。即使表現動態，也必須化動為靜，以表現視覺上的動感。而這與中國建築在動態中表現空間變化，以時間的序列來顯示空間變化的美，形成了靜與動的鮮明的對比。

第二節 兩種藝術時空觀

一爲單體建築，一爲羣體建築；一是以二度和三度空間的方式來表現靜態的造型美，一是以動態的時間序列來表現空間節奏變化的動態美。形成了中西建築藝術美在表現形式上明顯的差異性，形成這種差異的一個重要原因就在於中西藝術有著不同的藝術時空觀念以及建築藝術觀。

一、 時空統一與時空分割

時空觀是一個哲學問題，作爲物質存在的形式，它們既有相對獨立性，同時又是統一體。中國古代哲人似乎傾向於把時間與空間聯繫起來加以考察，而西方古代哲人則更傾向於把時間與空間分割開來加以考察。正如有的研究時空學說史的學者指出的：「我國古代『宇、宙』並稱，宇指空間，宙（久）指時間。可見，我國古代學者所講的宇宙是指時空統一的宇宙，這比西方早得多。在西方，祇是到了十八世紀拉格朗日才建議把時間

和空間結合起來加以考察，他把時間作爲第四度的空間坐標來處理①。」試以中國戰國時期學者與古希臘的愛利亞學派關於時空觀的認識爲例作一比較說明。

在戰國時代，中國古人就提出了時空統一的觀點。例如，《管子》認爲「宙合有橐天地」②，宙合就是指宇宙，也就是把時間和空間聯繫起來加以考察的。墨子認爲「久彌異時也，宇彌異所也」③，而且進一步指出，「行修必以久」④，也就是說，事物的運動發展必然要經過一定的時間和空間的變化。這令人想起閔可夫斯基的名言：「任何一個人提到一個地點時無不處於一定的時刻，提到某一時刻時無不位於一定的地點⑤。」可見，戰國時代，中國的哲學家對時空統一說認識之深刻。

莊子無疑是這些哲人中又一突出的代表。他也是把「宇」、「宙」聯繫起來加以考察的，「有實無乎處者，宇也。有長而無本剽者，宙也⑥。」這裏實際上是指宇宙在時間上的綿延不斷，無始無終，空間上的無邊無際。

正是由於時空觀統一的認識，中國先秦的哲學家們總是把山水聯繫起來。中國人的山水意識也可以說是這種時空意識的反映。（中國人比西方人更早地產生山水意識，西方人到文藝復興時才產生山水意識，而中國人在先秦時就已產生了。）孔子喟嘆「逝者如斯夫」⑦，

也就是指時間如同流水一樣連綿不斷，無始無終，一去不復返；所謂「登東山而小魯，登泰山而小天下」⑧，指的就是一種空間的相對性和變化性。孟子也說：「原泉混混，不舍晝夜，盈而後進，放乎四海」⑨。山水在時間和空間上的無限性和變化性成爲中國古代仁人君子的道德象徵。

當然，我們還不能把中國古代哲人的時空統一觀等同於現代科學意義上的四度空間學說，它畢竟缺少現代科學的實證基礎。但這種時空統一觀對包括建築在內的中國古代藝術產生了不可低估的影響。

在十八世紀之前的西方古代哲學家看來，時間是運動的，而空間則是靜態的。巴門尼德就認爲：「一切存在的話，必是完善的、唯一的、有界限的、球形的、充滿整個宇宙空間的、不動的、穩定的、不變化、連續不斷的。它產生於自身，在它自身的界限之外不存在空間，它在自身界限之內運動，宇宙之內不存在虛空」，「因此，空間就表現爲有限的、球形的、完全充實的，因而是沒有空隙的、不可分的、穩定的和同性的」⑩。梅利索則認爲，任何充實的東西都是不動的；任何運動的東西，都是不充實的，如果它運動了，它作爲存在就消失了，宇宙所以是永恆的、無限的，就在於它是不動的、充實的⑪。

芝諾則進一步否定了時間和空間運動的連續性。他

的哲學使命就是要證明運動和變化的不可能性。因此，他提出了幾個著名的命題：第一，運動不存在。理由是「位移事物在達到目的地之前必先抵達一半之處」⑫，也就是說，設定通過AB線段，則必先到AB之中心點C，而要到達C點，又必須先到AC之中點C′……，由於空間的無限可分，那麼，有限的長度上就有著無限的點，那麼這些無限的點都是靜態的，而線段又是由無限的點組成，所以，靜態之和仍是靜態。同理他認為，第二，阿基里斯⑬永遠追不上龜；第三，飛矢不動。「如果每件東西在佔據一個與它本身相等的空間時是靜止的，而移動的位置的東西在任何一個霎間點總是佔據著這樣的一個空間，那麼，飛著的箭就是不動的了⑭。」芝諾哲學命題的荒謬性，今天當然不值得一駁。

　　而我們更感興趣的是，上述觀點中所包含的時空觀念問題。不難看出，在這些古希臘哲學家們看來：第一，空間是靜態的，運動的空間是不可能的；第二，在芝諾看來，不僅空間是靜態的，而且時間也是靜態的。我們知道，所謂運動既是包括空間的位移又包括時間的延續，它們既是物質存在的形式，又是物質運動的形式；第三，時空分裂，是透過否定運動來實現的，反之，時空統一，又是以運動為聯繫中介的。

　　從古希臘到近代社會，西方人一般都認為時間和空間是平直的，與物質運動沒有什麼聯繫。而這種觀念又

是以歐幾里德的幾何學和經典物理學作爲科學基礎的。
祇有到非歐幾何學和現代物理學的誕生，西方人的時空
觀念才發生了根本性的變化。

　　恰如錢穆先生指出的：「西方人重空間之向外擴
大，不重時間向後的綿延。中國人言世界，世乃時間，
界乃空間，時空和合爲一體⑮。」哲學的時空觀念必然
會影響到藝術的時空觀念。正由於中西古代哲學時空學
說的這種差異性導致了中西藝術在時空表現上的差異
性，進而影響到建築藝術時空表現。

　　西方人傳統的藝術觀念中，就是把時間藝術與空間
藝術，也就是動態藝術和靜態藝術加以嚴格地區分的。
古希臘的一位不知名的學者就明確地把藝術分爲動態的
藝術──包括舞蹈、詩歌、音樂，和靜態的藝術──包
括雕刻、繪畫和建築⑯，而這一直成爲西方藝術分類的
一個傳統，直到現代派藝術的興起，西方人的時空觀念
有了變化之後，才突破了這一戒律。我們看到，這一傳
統發展到德國美學家萊辛，達到了頂峯，其著作《勞
孔》就是集大成者。

　　《勞孔》的主旨就在於爲時間藝術（以詩爲代表）
和空間藝術（以雕刻爲代表）立法，以明確兩者之間的
區別。這種區別既是題材上的，也是表現形式上的。在
萊辛看來，詩是時間的藝術，它擅長於表現動態性的情
節，事件的運動發展過程，而短於描繪具體事物的形

象；反之，雕刻是空間的藝術，它擅長於描繪事物具體的形象外觀，而短於表現動作、情節。萊辛認爲，空間藝術遵循的美學原則是美（狹義的美，即優美），而不能表現醜，所以勞孔雕像就不能表現那種激烈的情緒、痛苦和衝突，因爲這樣會破壞雕刻所必須遵循的美學原則；而詩則不然，它可以突破這一侷限，去表現醜、尖銳的矛盾衝突。因而空間藝術就成爲古代優美藝術的主要表現形式，而時間藝術則成爲近代崇高藝術的主要表現形式。我們看到在黑格爾的《美學》中，雕刻成爲古典藝術的理想形態，而音樂和詩則成爲浪漫藝術的理想形態。實際上，在西方藝術發展史上，空間藝術的繁榮，相對來說，是先於時間藝術的。雕刻在古希臘羅馬社會就達到了其發展的頂點，繪畫在文藝復興時期達到高潮，而詩歌，尤其是音樂藝術則是在浪漫主義興盛的十九世紀才達到其高潮的。我們說，建築藝術不宜於表現近代藝術的美學理想，也與西方的藝術觀念有關係。實際上，西方繪畫和雕刻藝術對近代藝術美學理想的表現也是後於時間藝術的。

　　時間藝術和空間藝術的區分，使得西方建築藝術觀念長期侷限於單純的空間藝術之中，類似於雕刻和繪畫。在相當長的歷史時期內，西方建築一直沒能擺脫雕刻和繪畫的影響，直到現代建築的興起，在一片反對裝飾的呼聲之中，建築終於邁出了擺脫雕刻藝術束縛的第

一步。

即便是把建築藝術作爲單純的空間藝術，古代西方對建築空間的理解也是十分狹窄的，往往是停留在二度空間，至多也祇是三度空間上。也就是說，這種空間還祇是一種類似於繪畫性和雕刻性的空間。恰如彼得・柯林斯指出：

> 作爲建築的一個基本要素的空間概念，在人類第一次建造棲身之所或對其洞穴進行構造上的改進之時，一定已經粗具雛型了，但是難以理解的是：直到十八世紀以前，就沒有在建築論文中用過空間這個詞，而將空間爲建築構圖的首要品質的觀念，直到不多年以前還沒有充分發展⑰。

可見，西方建築雖然創造了巨大的內部空間，但這種創造是不自覺的。祇是到了現代主義建築的興起，才開始把空間視爲建築的重要內容。

而在中國人的藝術觀念中，則沒有這種明確的時間藝術和空間藝術的畫分。中國人似乎更願意在共同的藝術理想基礎上，把各種藝術門類統一起來。〈毛詩序〉認爲：「詩者，志之所在也，在心爲志，發言爲詩。情動於中而形於言，言之不足故嗟嘆之，嗟嘆之不足故詠歌之，詠歌之不足，不知手之舞之，足之蹈之也。」十

分明顯，詩、音樂、舞蹈都是有著共同的藝術精神，也就是內在情志的抒發，它們只有表現方式、表現程度上的差異，而沒有藝術理想的差異。這顯然與西方人的藝術觀念表現出差異。黑格爾認為時間藝術更宜於表現浪漫精神，而空間藝術則更適宜於表現古典精神。在中國人看來，各種藝術形態都應該在共同的美學理想的基礎上統一起來。

　　蘇軾就是其中最為典型的一例。不同於萊辛，力圖為時間藝術和空間藝術立法，蘇軾更願意把時間藝術和空間藝術統一起來，時間藝術可以表現空間內容，空間藝術也可以引入時間內容。這也就是藝術史上有名的「詩畫本一律」說，所謂「味摩詰之詩，詩中有畫；觀摩詰之畫，畫中有詩。」⑱，可見中國的藝術創造本身就體現出詩畫一律的傾向。詩畫統一，在蘇軾看來，就在於它們有著共同的審美理想，「天工與清新」⑲，即自然、澹遠而又韻味無窮、含蓄不盡的藝術精神。

　　正是在這一傳統的美學觀念的基礎上，中國的建築並不是以單純的三度空間的形體或二度空間的平面為其藝術表現的內容，而是在時間的系列中來表現空間的變化。在中國的建築藝術中，不僅空間是隨時間變化的、流通的，而且時間本身也是多向的。如果說在中國的宮殿建築和景區宗教建築中，時間還是呈單向流動的話，那麼，在園林建築中，時間則表現為多向變化，因為同

一景觀，同一線路，逆向而行與順向而行就表現出不同
的審美效果。

二、　經驗時空與邏輯時空

中西藝術表現中的時空觀的差異性，其根本原因在
於各自對時空觀理解的差異性。中國藝術中的時空觀是
經驗性的、心理的，而西方藝術中的時空觀則是邏輯性
的、物理的。

前面我們已經指出過，在中國哲學和藝術中，雖然
很早就有四度空間的觀點，但這種觀點缺乏自然科學的
實證基礎，我們知道，西方四度空間學說是建立在非歐
幾何學和現代物理學的基礎上的。西方人時空觀念的變
化是與自然科學的發展緊密相聯的。中國藝術中的時空
統一學說是建立在心理體驗的基礎上的。

中國哲學在論證時空統一性時，總是以運動作爲中
介把兩者統一起來的，的確，時空統一既是物質的存在
形式，也是物質的運動形式。而中國藝術觀念中的時空
統一，則是與中國人的心理體驗方式有著密切的關係。

這一點可以從早期的藝術創作理論中見出。

西晉文學家陸機在談到文學的創作時，曾論及藝術
創作可以超越客觀時空的特點：「觀古今於須臾，撫四
海於一瞬」，「籠天地於形內，挫萬物於筆端」，「恢

萬里而無閡，通億載而爲津」⑳。南朝的文學理論家劉
勰也指出，文學創作可以「思接千載，視通萬里」，
「形在江海之上，心存魏闕之下」㉑。顯然，在他們看
來，文學創作可以不受客觀的時間、空間的侷限，人的
心理體驗可以超越客觀時空。

　　正是由於這種心理時空的作用，使得中國藝術表現
具有相當大的自由性，「咫尺之圖，寫百千里之景。東
西南北，宛爾目前；春夏秋冬，生於筆下㉒。」因此，
空間藝術也沒有必要受到時間的侷限，同時，也不像西
方藝術那樣，受到焦點透視的侷限。正是在這種指導思
想下，「王維畫物，多不問四時，如畫花往往以桃、
杏、芙蓉、蓮花同畫一景㉓。」其《袁安臥雪圖》中的
「雪中芭蕉」就是典型一例。同樣，空間藝術所表現的
內容也不以「目接」爲限，宋代夏珪的《長江萬里圖》
和張擇端的《清明上河圖》境界就十分宏大，場面壯
觀，內容不限於此時此地之「目接」。

　　也正是由於這種心理時空的作用，在中國藝術表現
當中，時間的內容可以轉換爲空間的形式，空間的內容
也可以透過時間的形式來表現。中國俗語中就有「寸金
難買寸光陰」之說，這就是用空間概念（寸）來表示時
間。在詩文之中亦不乏此例：「十里五里，長亭短
亭㉔。」「何處是歸程？長亭更短亭㉕。」繪畫藝術中
的所謂「移動的視點」、「散點透視」都是透過時間的

變化來表現空間的內容。

因此，中國的藝術很難說有什麼時間藝術和空間藝術的區別。這與中國藝術一開始就不以摹仿客觀對象為己任有關。在客觀對象與主體對象的心理體驗之間，中國藝術更側重表現的是後者，是某種精神性的內容，也就是中國古典美學中常說的「神」或「意」，外在對象只不過是觸發這種心理體驗的契機而已。中國藝術的時空統一、四度空間觀念的基礎是心理學，而不是非歐幾何學或現代物理學。

這種心理體驗的核心就是「化」，也就是透過主體的體驗和感悟，使得對象與人、人文與自然、時間與空間和合為一體。「化」既是動態的，又是靜態的，是動與靜的統一。

同其它的中國藝術形式一樣，建築的時空表現也是以這種心理體驗為基礎的。「臺」和「觀」作為中國古代特有的一種建築形式，就很好地表現出這種心理體驗。「前不見古人，後不見來者，念天地之悠悠，獨愴然而涕下㉖。」這就是樓台給詩人帶來的時空無限的感慨，這就是一種心理體驗。實際上，中國建築沿中心線索加以展開，就是透過時間的綿延來體驗空間的無限變化的。在這裏，時間消融在空間的變化之中，而空間的變化表示著時間的綿延不斷，透過人的心理體驗，時間和空間得以統一。而這一特點，又在園林建築中得到最

充分的體現。

　　相反地，西方藝術由於強調時空的對立，它表現出一種邏輯時空觀，或者說是物理的時空觀。這與西方藝術更側重於再現對象有著緊密的關係。德國畫家路德維格・利希特在其回憶錄中提到，「他年輕時在蒂沃利，有一次同三個朋友外出畫風景，四個畫家都決定要畫得與自然不失毫釐」㉗，雖然從心理學的角度來看，純客觀的視覺並不存在，但西方藝術家卻力圖真實再現對象。而中國畫家則不然。鄭板橋畫竹，從現實的「館中之竹」到「眼中之竹」再到「胸中之竹」，最後到「手中之竹」㉘，是一個層層演變的過程。如果說中國藝術強調的是「化工」，是透過感悟、體驗而達到對象與心靈的一致，那麼，西方藝術則更側重的是「畫工」，即盡可能客觀地摹仿對象。達・文西就有著名的鏡子比喻說：

　　　　畫家的心應當像鏡子一樣，將自己轉化為對象的顏色，並如數攝進擺在面前的一切物體的形象，應當曉得，假如你們不是一個能夠用藝術再現自然一切形態的多才多藝的能手，也就不是一位高明的畫家。……首先應當將鏡子拜為老師，在許多場合下平面鏡上反映的圖像和繪畫極相似。你看到畫在平坦表面上的東西可顯出浮雕，鏡子也一樣使平面

顯出浮雕。繪畫有一個面，鏡子也只有一個面。繪畫不可觸摸，一個看去似乎圓圓的突出的東西，不能用手去捧住，鏡子也有同樣的情形。鏡子和畫幅以同樣的方式表現被光與影包圍的物體，兩者都同樣似乎向平面內伸展很遠㉙。

「鏡子說」實質上是對「摹仿說」的進一步發揮，而「摹仿說」則是西方藝術的重要傳統。亞里斯多德就明確地提出藝術的本質在摹仿㉚。可以說，「摹仿說」是西方古典藝術的基本信條之一。

摹仿說必然要求藝術表現要盡可能真實地再現客觀的物理時空。在西方藝術當中，藝術的表現明顯地受到時空觀念的限制。試以西方的話劇與東方的戲曲比較說明之。早在亞里斯多德的《詩學》中，就對戲劇表現的時空加以界定，「情節也須有長度」，戲劇要「摹仿一個對象」，「一個完整的行動」㉛，後來古典主義把這一信念發展成為「三一律」，即戲劇的情節為「一件事」，「一個地點」，「一天時間」，時間、空間的集中，也就是為了便於戲劇更好地再現客觀的時空，因此，西方戲劇特別注重情節的安排與發展，講究「戲劇性」。而中國的戲曲則不然，中國戲曲中的時空變化是自由的，場景佈置也比西方戲劇要簡單得多。同樣地，西方的繪畫藝術和雕刻藝術由於受到客觀空間的限制，

於是就產生了透視法和黃金點。

　　所謂透視法，是根據數學和光學的原則，在平面上表現物體的空間位置、輪廓、光暗投影以及色彩變化的方法，其目的也就是盡可能地在二度平面空間上再現對象的空間形態。所謂的黃金點，是與黃金分割說相應的，它是指空間藝術在表現時間（動態）性內容時，要「選擇最富於孕育性的那一頃刻，使得前前後後都可以從這一頃刻中得到最清楚的理解㉜。」也就是說，透過暗示法，以引發觀賞者的聯想，從而完成對動作內容的表現。不難看出，西方空間藝術與中國的空間藝術在時間表現上的差異性。黃金分割、黃金點、透視法可以說是西方古典造型藝術重要的基本表現手法。而這些，無疑地對造型藝術之一的建築，產生影響。

　　西方古典建築基本上是表現一種靜態的、平衡的和諧美，無論是古希臘神廟的柱廊式，還是古羅馬大型建築的內部空間，都是一種靜態的美。黃金分割和透視法也被運用到建築的藝術表現之中。在後來的巴洛克和洛可可式的建築中，雖然力圖克服古典建築的明晰、靜謐，刻意追求一種動態感，但這種動態的表現，也類似於雕刻中黃金點的運用，即運用暗示法以表現某種純視覺的動感。而這與中國建築沿時間系列展開空間變化是明顯地不同的，西方建築毋寧說是把時間變化的節奏、韻律凝固在靜態的空間形式上，故西方有把建築視為

「凝固的音樂」之說。

第三節　建築藝術的時空表現

　　建築的技術藝術時空觀的差異性，共同促使東西方建築藝術在時空表現上呈現出不同的審美特點。西方單體建築必然要求運用造型藝術的一般規律，反過來，把建築當作造型藝術的一種類型，又制約了建築藝術表現的形式特徵。很明顯的例證是，倘若在一片曠野之中，孤立地聳立著一座單體建築，如果是西方建築，那是很自然地成為一個景觀，因為它遵循了造型藝術的視覺美學的要求；中國建築則不是那麼協調，因此，中國建築總是以「羣」的面貌出現的，即使是單座建築，也要在其前後簡單地圍護一個庭院空間。

一、　以靜態為特徵的西方建築

　　建築藝術在西方古代一直被視為造型藝術，必然要遵循造型藝術的一般美學規律。因此，靜態的外觀和靜態的空間成為西方建築的主要特徵。

　　西方建築也表現動態，但這種動態是以靜態的形式
來加以表現的，是視覺上的動感，而不是時間系列的展
開。如古希臘的柱式，哥德式建築的向上騰飛，以及巴
洛克式和洛可可式建築，都是如此。

　　總的來看，西方建築是從靜態向動態發展的過程。
大致上可以這樣來畫分，古希臘和古羅馬是以靜態爲主
要特徵的；而文藝復興以後的巴洛克和洛可可式風格則
是更加突出動態，中世紀則可以視爲這兩者之間的過渡
性階段。

1.古希臘羅馬的靜態建築

　　古希臘羅馬建築的靜態性主要表現建築的外觀造型
和內部空間上。

　　首先，從外觀造型上看，古希臘神廟總體特徵是均
衡、恬靜安詳、莊嚴典雅的。從垂直線上來看，柱部的
支撐力與檐部的壓力處在一種完美的靜力平衡中。而以
柱徑爲模數的比例又使得建築的各構件之間、以及構件
與整體之間處在和諧統一之中。立面多採用直線和直
角，整個立視圖呈合邏輯、合規律的佈置。這裏，幾乎
見不到有任何的曲線佔據主導地位，更談不上曲面。雖
然單就柱式本身來看，它的造型有一種向上升起的動
態，但這種動態又消融在檐部的壓力之中。所以，整個
主視圖是靜態的。古羅馬建築雖然採用了新的拱券結
構，但在外觀裝飾上仍沿襲了古希臘的傳統作法，即所

謂的券柱式構圖，也就是在牆上或墩上貼上裝飾性的柱
式。這時的拱券結構建築還沒有形成與新的結構技術相
適應的新的外觀形式。因此，古羅馬建築的外觀同古希
臘建築一樣都是靜態的。

其次，再來看內部空間。我們知道，古希臘建築並
不注重內部空間，而是把注意力集中在建築的外觀造型
上。希臘神廟建築的內殿只不過是四面圍合起來的簡單
的、封閉的內部空間。這種單一的、封閉的內部空間既
無空間的分割與畫分，同時也談不上任何裝飾，因而是
一典型的靜態空間。與此相同的是，古羅馬建築的內部
空間也是靜態的，與古希臘建築不同的是，古羅馬建築
開始注重內部空間的表現，特別是新的拱券結構的採
用，為內部空間的表現提供了有利的條件。相比而言，
古希臘建築內部空間單一、簡單，而古羅馬建築的內部
空間則形狀豐富多彩，形式多樣，且規模宏大。但這些
內部空間都是靜態的。例如萬神廟，作為集中式空間，
它雖然表現出向心力，但總體上仍是一單一完整的靜態
空間，沒有空間的層次畫分。即使是巴西利卡、公共浴
場等大型建築，雖然有些連續的內部空間，但這種連續
的內部空間其一是仍保持著各自的獨立性，而沒有構成
一個有機整體；其二是它們都是呈軸線對稱式布局，這
裏的軸線對稱還沒有考慮到人的運行路線，只不過是運
用這種方式把各個獨立的內部空間聯接在一起，因而還

很難說這種內部空間具有動感。故古羅馬大型建築內部空間雖然有層次畫分，有流通變化，但仍是一靜態空間。

2.中世紀：從靜態向動態的過渡

中世紀建築的發展就明顯地由靜態趨向於動態。哥德式教堂建築再也不是力圖在壓力與支撐力之間尋求完美平衡，而是整個建築都呈向天空升起之勢。大量的垂直線條以及尖拱的運用，使得哥德式建築一方面植根於地面，另一方面，又力圖擺脫地心的引力作用而衝向無際的天空。這種外觀造型的強烈的動感是古希臘羅馬建築所無法產生的。

在內部空間的組織上，也表現出明顯的動感。在拜占庭建築中，同是集中式空間，我們看到古羅馬的萬神廟還是單一的靜態空間，而聖索菲亞教堂則通過一個中心來組織內部空間，即以中央大穹頂所覆蓋的空間為中心，南北兩側為樓層，東西兩側為連通的半圓形的穹頂空間，整個內部空間明顯地指向中心地域，因而具有一定的動感。而哥德式建築則表現出更為強烈的動感。它的主廳是一個狹長的空間，兩側是連續排列的支柱和尖拱，是一個明顯地具有導向性的空間，它把人的注意力吸收到空間的高潮，也就是神聖的祭壇。同外觀造型一樣，內部空間也呈向上升騰之勢，哥德式教堂內部空間一般都高達三十多公尺。同時，由於彩色玻璃的運用，

結構技術的改進，哥德式教堂把牆面壓縮到最低限度，
這樣使得內部空間之間，以及內部空間與外部空間相互
流通。

3.巴洛克式建築的動態形式

　　如果說中世紀建築所表現出的動態，還是有著明確
的邏輯性和規律性，也就是說，在局部與整體之間仍然
是合邏輯、合理性的和諧關係的話，那麼，巴洛克式建
築對動態的表現就是以另一種極端形式出現的，它是反
邏輯的、非理性的、與古典建築的清晰成為對照的是它
在構圖上的跳躍性和模糊性。與古典建築相比，巴洛克
式建築表現動感的特殊方式有：

　　第一，大量地運用曲線和曲面。我們知道，曲線和
曲面與直線和平面相比，後者是平穩的，靜態的，而前
者則是充滿動態感的。巴洛克建築正是根據這一視覺特
點，把曲線和曲面運用到建築當中。波羅米尼設計的聖
卡羅教堂就是典型的一例。聖卡羅教堂的立面就是一波
浪形的曲面。

　　與曲面相聯的是，巴洛克式建築講究凹凸起伏的變
化，這主要是透過柱式的排列來實現的。我們知道，在
古典建築中，柱式是呈規律性地排列，而巴洛克式建築
的柱式則是疏密變化的、多用雙柱為一組，這樣，在立
面和內部空間上就形成了凹凸起伏的變化。而這也無疑
地強化了構圖的動感。

第二，透過裝飾，特別是繪畫和雕刻來表現動感。
在古典建築中，繪畫和雕刻雖然大量地出現在建築的外
觀造型（古希臘）和內部空間（古羅馬）之中，但這些
繪畫和雕刻還基本上只是一種外在的裝飾，還不能溶入
到建築的空間表現之中。而在巴洛克式建築中，雕刻和
繪畫不再只是一種外在的裝飾，而是成爲空間表現的有
機部分。在這裏，雕刻和繪畫透過透視法來延續建築，
從而從視覺上擴大了建築的內部空間。這些雕刻和繪畫
本身也是充滿了動感的，這就進一步強化了總體的動態
感，同時，繪畫和雕刻本身的色彩對比、光影變化也增
強了建築的動態效果。

巴洛克建築在內部空間的表現上也是充滿運動感
的。這一點第三章已有所論及。

從總體上來看，西方建築由於以單體建築爲單元，
所以，它本身就類似於雕刻作品，是一個靜態的存在。
而在這一靜態的存在形式中，又是透過運用視覺心理學
的原理來表現動態感的。當然，從上述的歷史演變過程
的分析來看，西方建築也是由靜態走向動態的。到了現
代建築，西方建築則明確地引入了時間—空間觀念，空
間也就由單一的三度空間形式走向了四度空間。也正是
在這一背景下，過去受到貶低、嘲諷的巴洛克式建築得
到了人們的重新評價。也可以說，巴洛克式建築開始了
探索新的建築語言的途徑。但從總體上來看，西方古代

建築還是一個類似雕刻的靜態存在。

二、　中國建築的動與靜

　　欣賞中國建築藝術與欣賞西方建築藝術的一個很大的不同在於：對於西方建築，人們可以像欣賞一座雕刻作品一樣去欣賞它，總的來說，作品和欣賞者總體上是處於一個固定的點上；而欣賞中國的建築則不然，中國建築本身就是一個流動的過程，因此，欣賞者也必須圍繞建築羣走動，才能真正領略到中國建築的風貌。可以說，欣賞中國建築，作品和欣賞者都是處在一個流動的過程當中。因此，完全可以認為，中國建築的空間是流動的，是具有時間性的空間。

　　從中國建築的歷史發展來看，早期的建築雖然也顯示出流動的空間這一特徵，但在這些比較簡單的組合空間中，各個空間之間還只是一種靜態的對稱和有序排列，各空間之間缺乏對比，還無法形成一種具有導向性的動態空間。這也就是一般簡單的四合院布局方式。這時的空間還是相對地偏重於靜態。而發展到後期，這一現象則明顯地發生了改變。我們看到，明清的宮殿建築雖然也是在庭院空間的基礎上呈有序列的布局，但這時的各個庭院空間不再是單一的重複性的對稱或排列，各個庭院空間之間在開與閉、大與小、高與低的變化中形

成映照，而整個空間的縱向排列又明顯地把人的注意力一步步地引向整個建築的高潮，即太和殿的皇帝寶座。在這裏，整個平面空間是呈有意識的、有中心的運動的，各庭院空間之間變化的對比、映照，又進一步強化了這種動態感。

在景區宗教建築和園林建築中，這種動態感就更為明顯了。在宮殿建築羣中，這種流動的空間還只是一種規範性的，人工組織痕跡也是十分明顯的，而在景區宗教建築和園林建築中，這種流動空間則是自然的過程，如行雲流水。流動的空間的內涵在這裏得到了進一步的豐富，特別是自然景觀與建築的結合，使得流動的空間成為流動的立體畫面。宮殿建築羣的時間還是單向的、不可逆的，空間的流動總是指向一個中心的，而園林建築的流動空間則是多向的，時間是可逆的。時間變化的複雜性也必然會導致空間變化的複雜性，因此，園林建築的空間變化就更為豐富多彩，這種流動感也就更為顯著了。

總之，中國建築沿時間序列展開空間節奏的變化；觀賞中國建築，遊人沿中心線索運動前進，也就是視點的不斷移動、變更，也就是移步換景；這一切都是在運動中進行的。與西方建築相比，中國建築更偏重於動態空間的表現，這一特徵是顯而易見的。

中國建築也表現靜態的空間。同樣地，這也是與中

國古人對動與靜辯證關係的認識是分不開的。在中國古人看來，無絕對的靜，也無絕對的動，動靜相生。皎然指出「靜，非如松風不動，林狖未鳴，乃謂意中之靜。遠，非謂森淼望水，杳杳看山，乃謂意中之遠。」㉝所謂「蟬噪林愈靜，鳥鳴山更幽。」，「靜故了羣動，空故納萬境」即是此意。靜中往往蘊含著無限的動態生機，同樣地，動中也包含著靜，無動即無靜，無靜亦無動。正是基於這一認識，故中國建築雖然以動態為主，但這種動態不是激烈的、迷狂的，不是矛盾衝突帶來的騷動不安，也不是波濤洶湧式的劇烈變化。在中國建築中，甚至不會出現西方哥德式和巴洛克式建築給人帶來的騷動不安的激烈情緒。西方哥德式和巴洛克式建築本身雖然是一種偏重於表現靜態的空間，但它給人心靈帶來的卻是矛盾衝突，是一種激動的情緒表現；而中國建築雖然在空間表現上是動態的，但它給人心靈上帶來的卻是一片幽靜、淡雅。這也是中西建築藝術在動靜表現上的一個重要差異。

　　最能充分體現以流動空間來表現清靜自然的藝術精神這一特徵的是園林建築。中國園林建築的景觀有動觀與靜觀之分。所謂動觀，是指在移動視點中來觀賞景致，遊人沿遊覽線走過，放眼四周，自然山水、花草樹木、樓台館舍、小橋流水，皆成景色。所謂靜觀，也就是當遊人在亭閣軒廊作一小憩時，從一固定的視點去觀

賞周圍的景觀，在這些亭閣軒廊周圍，往往都置有重要
的景觀，爲的就是能讓遊客在此駐足觀賞，反覆品鑑。
同時，在園林的置景中，也講究動與靜的對照，如靜靜
的假山與潺潺溪水相對，就有著無窮的妙味。

最後，中國建築雖就某一獨立的羣體內部而言，它
是流動的空間，但就更大的空間範圍而言，它又是封閉
的，無論是宮殿建築，還是園林建築，總是一個圍護
的、封閉的庭院空間，因此，這種空間的流動性還是有
限的，還不能眞正把建築與自然空間融合起來。這在一
定程度上也制約了中國建築的動態表現。

總之，中國建築與西方建築，前者偏重於動態，後
者偏重於靜態；前者是以動態去表現靜態，後者則是以
靜態去表現動態。兩者形成了一個十分鮮明的對比。

◆注釋◆

① 李烈焱：《時空學說史》第44頁，湖北人民出版社，
1988年第1版。

② 〈管子・宙合〉。

③ 〈墨子・經上〉。

④ 〈墨子・經說下〉。

⑤ 轉引自李烈焱：《時空學說史》第292頁，湖北人民出
版社，1988年第1版。

⑥ 〈莊子・庚桑楚〉。

⑦ 〈論語・子罕〉。

⑧ 〈孟子・盡心章句上〉。

⑨ 〈孟子・離婁章句下〉。

⑩⑪ 轉引自李烈焱：《時空學說史》第250～251頁，湖北
人民出版社，1988年第1版。

⑫ 亞里斯多德：《物理學》第191頁，商務印書館，1982
年版。

⑬ 希臘傳說中的英雄，善跑。

⑭ 《西方哲學原著選讀》上卷，第34頁，商務印書館，
1981年第1版。

⑮ 錢穆：《現代中國學、論衡》第125頁，岳麓書社，
1986年第1版。

⑯ 見莫·卡岡：《藝術形態學》第29~30頁，三聯書店，
1986年第1版。

⑰ 彼得·柯林斯：《現代建築設計思想的演變》第352~
353頁，中國建築工業出版社，1987年第1版

⑱ 蘇軾：〈書摩詰藍田煙雨圖〉。

⑲ 蘇軾：〈書鄢陵王主簿所畫折枝二題〉。

⑳ 陸機：〈文賦〉。

㉑ 劉勰：〈文心雕龍·神思〉。

㉒ 〈山水訣〉，傳說爲唐代王維所作。見《中國美學史資
料選編》，上冊第269頁，商務印書館，1980年版。

㉓ 沈括：《夢溪筆談》卷十七。

㉔ 庾信：〈哀江南賦〉。

㉕ 無名氏：〈菩薩蠻〉。

㉖ 陳子昂：〈登幽州台歌〉。

㉗ 沃爾夫林：《藝術風格學》第1頁，遼寧人民出版社，
1987年第1版。

㉘ 鄭板橋：〈題畫〉。轉引自《中國美學史資料選編》，
下冊，第340頁，商務印書館，1980年版。

㉙ 《文西論繪畫》第41頁，人民美術出版社，1979年第1
版。

㉚㉛ 〈詩學·詩藝〉第26頁、第28頁，人民文學出版社，
1962年版。

㉜ 萊辛：《勞孔》第83頁，人民文學出版社，1979年第1

版。

㉝ 皎然：《詩式》。

第五章

建築美的尺度：神與人

　　歌德在談到建築時，曾有這樣的一段感嘆：

　　　高樓大廈是蓋給王公富豪們住的。住在裏面的
　　人們覺得安逸滿足，再也不要求什麼別的了。我的
　　性格使我對此有反感。像我在卡爾斯巴特的那座漂
　　亮房子，我一住進去就懶散起來，不活動了。一所
　　小房子，像我們現在住的這套簡陋的房間，有一點
　　雜亂而又整齊，有一點吉普賽流浪戶的氣派，恰好
　　適合我的脾胃。它使我在精神上充分自由，能憑自
　　力創造①。

在我們自己對建築的經驗感受中，也會有類似的體驗，
當我們漫步江南園林時，都會有清新自然、親切宜人的
感覺；而當我們沿故宮建築羣的中軸線走過，又會產生
一種莊嚴、神聖、凜然不可冒犯的至高無上感；同樣
地，古希臘的神廟是莊重、典雅的；而哥德式教堂則是
崇高雄偉的。拉斐爾的建築是溫馨動人的；而米開朗基
羅的建築則是騷動不安的、激烈的……
　　爲什麼會有如此大的差異性呢？這就是建築美的尺
度問題。

第一節 尺度：建築與人 之關係

　　無論是建築的外觀，還是內部空間和外部空間的形狀和組織，作爲幾何形狀，它本身無所謂尺度問題。無論是埃及的金字塔、中國的萬里長城，還是一般的小型住宅，建築的體量變化的本身是沒有尺度感的。尺度，只有當人介入其中，也就是人與建築發生關係時，才可能產生。所謂尺度問題，實際上也就是人與建築物之間的關係，它是指人們如何在各種形式的比較中去看建築體量和空間的大小。哥德式建築表示人與建築物之間的關係是一種矛盾的關係，無論是其外觀體量還是內部空間組織，一方面，它壓抑著人的精神，使人感到強烈的騷動不安；另一方面，它又表現出渴望擺脫羈絆，自由升騰的趨向。而中國園林建築則表明人與建築物之間是自然統一的，它給人以輕鬆淡雅而又寧靜的感覺。哥德式建築是激動的、神聖的、狂熱的，而中國園林建築則是平靜的、自然的、親切宜人的。

一、　尺度與結構、功能及文化

建築美的尺度與建築的技術，尤其是結構技術，以及功能和文化的關係十分密切。

從歷史的發展上來看，沒有相應的技術能力，是很難形成具有超人尺度的大體量的建築的。同是以靜態空間爲主，以典雅、莊重、寧靜爲特徵的古希臘建築和古羅馬建築，就因爲結構技術的不同，前者往往顯得親切自然，而後者則氣勢宏偉，十分壯觀。從歐洲建築的歷史發展來看，建築在體量上的擴大，都是與結構技術的不斷改進有著不可分割的聯繫的。從古羅馬建築開始，西方建築大體上都表現出超人的尺度，而這一主旨的不斷強化，也就是從古羅馬經拜占庭再到哥德式建築這一歷史發展過程，是與拱券結構技術的不斷改進分不開的。正是由於十字拱經帆拱再到細肋拱的這一結構技術改進的過程，使得西方建築在外觀體量上不斷地擴大，同時，內部空間也一步步地從單一、簡單、靜態的形式的束縛中解放出來，可以自由地表現新的藝術構思。哥德式建築之所以能夠形成那樣複雜的、矛盾的空間形式，如果沒有細肋拱的運用，是很難想像的。

超人的尺度的獲得，固然是與結構技術緊密相聯，但這並不意味著結構決定一切。建築美的尺度還要受到

功能和文化的制約。文藝復興時的教堂與中世紀的教
堂。雖同用拱券結構，但尺度卻不一樣，這就是受到了
社會思潮的、文化發展的影響。同樣地，同是拱券結
構，教堂與一般民宅的尺度也不一樣，這就是功能要求
的差異所形成的。

　　一般說來，教堂、公共建築以及紀念性建築等大型
建築，由於其本身功能的要求，都有著較大的尺度。這
主要是建築美的尺度與建築的體量必須在總體風格上保
持一致，大體量的建築需要相應地具有較大的尺度，反
之，小體量的建築需要較小的尺度。而教堂、公共建築
是大眾活動的場所，它往往要求具有大面積的內部空
間，這就勢必要擴大建築物的體量，進而使得建築的尺
度也相應地超過小型建築的尺度。這樣，才可能在建築
的體量與建築的尺度間保持一致。從而使得建築物的整
體風格和諧統一。否則，大體量而小尺度，就會不倫不
類。而一般的小型建築如民宅等，它所要求的內部空間
往往不大，相應地建築的體量也就會小，建築的尺度也
就隨之變小。至於紀念性建築，由於它本身往往不十分
突出物質功能，而更注重精神功能，因此，紀念性建築
多半是某種精神和文化觀念的象徵。這也就是我們所要
談的建築尺度與文化的關係問題。

　　文化對建築美尺度的影響，主要是通過建築藝術的
象徵性來實現的。黑格爾在其《美學》中把建築視為象

徵藝術，認爲建築對理念內容的表現主要是透過象徵手段來實現的②。我們認爲，象徵是建築藝術表現手段之一。在建築藝術中，又有簡單象徵與複雜象徵之分。簡單象徵往往是透過簡單的符號來表現某種觀念的。如中國建築中的數字和色彩代表著某種等級觀念，西方教堂的玫瑰窗與拉丁十字型制對基督教教義的象徵等等，就是典型代表。而複雜象徵則是透過空間形式來表現的，它從建築的外觀造型和空間形式的各種變化與建築所要表達的觀念在情感形式上取得一致，也就是說，以一定的形式情感來象徵某種觀念。前一種形式的象徵與我們所討論的建築尺度問題關係不大，而後一種形式的象徵則與建築尺度的關係十分密切。

　　同是宗教建築，西方的哥德式教堂與中國的道教建築就表現出兩種不同的尺度。哥德式教堂的尺度是超人的。它要求透過巨大的體量形式和內部空間的矛盾性變化來象徵人們對天國的崇拜和渴望，它壓抑著人的主體精神，使人的尊嚴屈從於上帝的神威之下。而中國的道教則主張一切都要回歸到自然，自然主義是其主要宗旨。因此，道教建築的尺度相應地也是自然的。不僅建築物如此，而且建築還被要求與自然山水結合在一起。這一點還可以通過建築的裝飾表現出來。哥德式教堂無論是外觀還是內部，都是極力裝飾，盡富麗堂皇之極，而道教建築則自然簡樸，清淡素雅。

當然，結構、功能和文化三者共同制約著建築美的尺度。而建築物的一定尺度的實現，總是這三者的自然統一的產物。例如哥德式建築的超人尺度的形成，就是與細肋拱的運用，公共宗教活動場所以及對基督教精神的象徵這三點緊密相聯的，三者缺一不可。似乎很難說其中某一因素在起著根本性的作用。

二、　形成尺度感的幾種方式

我們已經指出，作爲單純的幾何體本身是無所謂尺度的，尺度感袛是人與建築物發生關係時才產生的。恰如客觀對象本身無所謂冷與熱問題，而只有溫度高低之分，冷與熱只不過是我們人對對象的溫度的一種感受而已。同樣地，幾何體的尺度感也是人對對象的感受的結果。

尺度感的獲得，實際上只有一種途徑，這就是對比。單純的金字塔或單個的積木塊沒有尺度感。但如果把這兩者放在一起，加以對比，於是就產生了尺度感。因此，大體量的建築不一定都具有超人的尺度。反之，小體量的建築也未必就具有自然的尺度。關鍵在於去怎樣尋找一個對比的參照系，或者說是一個怎樣的參照系。而參照系則可以說是多種多樣的，因此，尺度感的獲得的形式也是多種多樣的。這些多種多樣的方法，又

可以分爲兩類，一類是建築各要素之間的對比以獲得尺度感；另一類是人與建築物之間加以對比以獲得尺度感。

1.建築物要素之間的對比

所謂大與小，是相對而言的，無絕對的大，也無絕對的小。同樣，建築的尺度的獲得，也是在建築各要素之間形成對比而形成的。一個給定尺寸的矩形，可能是大門，也可能是用來作窗戶，就看它被用到什麼樣尺寸、什麼樣體量的建築當中。因此，建築物要素之間的對比也就自然地成爲獲得尺度感的重要方法之一。

首先是局部要素與整體之間的對比。建築中的某一要素由於它自身的連續性和複雜性，很容易引起人的注意，而這一要素也就很自然地成爲建築物的一個自然的尺度。

要引起人的注意，這一要素必須具備以下條件：第一，它必須是與人的活動緊密相聯的構件，如門、窗、台階、欄杆等。這些構件也是極容易成爲衡量建築的尺度的基本單元；第二，它必須是有著自己的特性，從而能吸引人的注意力。比如說，連續性的重複或複雜性等。像哥德式建築內部連續排列的柱券，就是以其連續性來引起人的注意而成爲對比的基本單元的。

這些要素本身的尺寸，也就因此而成爲衡量建築物的尺度，它們與整體之間所構成的對比關係，決定了建

築物本身尺度的大小。

其次，在建築羣體之中，還表現於建築物之間，以及建築的空間之間的對比。大體量建築與小體量建築之間、大空間與小空間之間的對比，都可以起一種反襯的作用，以此來形成尺度感。例如，北京的故宮建築羣，就巧妙地運用了空間對比手法來形成尺度感的，如千步廊與天安門廣場、天安門與午門之間的庭院空間同午門與端門之間的庭院空間，在寬與窄、大與小之間構成對比，從而增大了空間的尺度。

2.人與建築物之間的對比

我們在一開頭就已指出，作爲單純的幾何形狀本身是沒有尺度的，祇有當建築與人發生關係時才能產生尺度。所以任何尺度都離不開人。我們講建築要素之間的對比可以產生尺度，實際上，首先是人與這些要素之間形成對比，在這裏，要素成爲衡量尺度間接的尺寸，成爲表明人與建築物之間關係的中介環節。

但在許多建築物中，並不存在這樣一些中介環節，人在觀察建築物時，直接地與建築發生關係，這樣一來，人本身就成爲建築的尺度。這類建築物，多爲簡潔的幾何形體，沒有什麼繁複的細部裝飾。例如，古埃及的金字塔、古羅馬萬神廟的集中式空間，聖索菲亞教堂巨大的內部空間，就是如此。這裏都是單純的幾何形體（空間），但當人置身於這些建築物之中時，建築的體

量以及空間形狀很自然地與我們人體的尺寸形成對比，
使我們感到對象體量之宏偉，氣勢之磅礡，一種崇高感
油然而生。

三、　兩種尺度

　　一般來說，建築的尺度有兩種，由此也就形成了兩
種美學特徵。

　　第一種尺度，是人的尺度。所謂人的尺度，也就是
自然親切的尺度，即建築物能給人以一種親切宜人的感
受，既不會因爲狹小而使人感到拘束不安，同時也不會
因爲過於龐大而壓抑主體精神。從建築的空間上來看，
它能充分地考慮到人活動的特點，以形成適度的空間形
式，空間的長、寬、高保持著適度的比例關係（如黃金
分割比例）；再從建築的外觀上來看，它往往比較簡
潔，沒有過多的細部裝飾，從而保持適度的體量；最
後，那些與人的活動緊密相關的要素，如窗、門、台
階、欄杆等，總是與人體保持著相應的尺寸，這些尺寸
與建築體量、空間的協調，從而使得那些大體量的建築
也能保持自然親切的尺度。總之，在以人爲尺度的建築
中，總是盡可能地以人爲中心，從人的活動出發來考慮
一切的。

　　談到人的尺度時，我們不能不涉及到人體的比例問

題，這就是黃金分割律的運用。黃金分割比例為1:1.
618，大約為5:8。這個比例在審美上是一個非常有趣的
數字，人體的主要軀幹部分之間也顯示為這個比例關
係。因此，當這個比例運用於建築當中時，總會產生適
度的尺度和優美和諧的效果。後來的柯比西耶則根據標
準的人體高度，從費波納奇級數引導出來的「模數」，
也充分體現了建築的人的尺度。所以，人的尺度總是與
人體的尺寸相關。

　　正由於對象與我們人體之間在尺寸、比例等方面存
在著類似性，因此，對象在我們眼裏才會顯得自然親
切。對象與主體處在一種和諧統一的關係之中。也正因
為這一原因，以人為尺度的建築，總會顯示出優美和諧
的審美特徵。中國古代建築、古希臘的神廟建築、文藝
復興的建築，無不顯示出這一特徵。可以說，人的尺度
構成了建築和諧美一個十分重要的組成內容。

　　第二種尺度是超人尺度。它是指建築以巨大的體量
和空間向人表示一種超越和永恆，一種趨向於無限的傾
向。它給人的感受是莊嚴、神聖、永恆、無限，是一種
崇高的表現。超人尺度的獲得，一方面是與數量上的巨
大和體量上的龐大緊密相聯，另一方面，在這些建築
中，作為比較的基本單元之構件的尺寸被加大了，從而
使得整個建築也顯得更大。超人的尺度多用於紀念式建
築、教堂以及政府的官方建築中。

超人尺度的建築有健康的與不健康的兩種傾向。在紀念性建築中，如紀念碑、紀念堂等，超人尺度往往能使人產生崇敬、積極向上的健康的情緒；而在教堂建築中，這種超人尺度的運用，則壓抑著人的心靈，喚起一種病態的、對天國的嚮往之情。

超人尺度往往與美學上的「崇高」這一範疇緊密相聯。我們認為，超人尺度不等於美學範疇意義上的崇高。在有的情況下，超人尺度的建築仍然表現出和諧美，是壯美的表現，它不是壓抑主體精神，而是積極地弘揚主體精神，成為人的主體力量的象徵。如北京的人民大會堂。當然，超人尺度的建築，也有屬於「崇高」審美範疇的，如金字塔、哥德式教堂建築等，它們都有著不同程度地壓抑人的精神的一面。所以，建築藝術對超人尺度的運用，一定要注意把握好這兩種不同的美學效果。

第二節　中國建築：人的尺度

這裏，有一個非常令人感興趣的問題：從現存大量的木塔以及磚石塔所表現出的技術能力來看，中國古人

很早就已掌握了發展高層建築的能力，拱券結構也在陵墓和橋梁建築中出現，但中國的房屋建築爲什麼不向高空發展？爲什麼不採用拱券結構技術？恰如火藥在中國被用來製作鞭炮，指南針被用來看風水，而未能在生產和軍事領域內發生更爲重要、積極的作用，從而推動生產力的發展，在建築領域中也同樣存在著這一令人困惑的問題。

　　不是技術的不發達，而是新的技術不能正常地發揮其眞正的社會功用，不能及時地轉換爲生產力，這就不能不涉及到社會機制，以及整個民族文化觀念的問題。一位外國學者在談到中國科學技術近代落伍的原因時指出，其原因大概在於「在農業生活與受過經典教育的統治階級之間，在必需品和奢侈品的充沛供應與生產這些物品所需要的勞動力之間保持著十分令人滿意的平衡，中國才沒有把技術改進工作發展到某一限度之外③。」在建築學的領域內，也正是由於木結構技術本身的高度完善，滿足了功能、文化的要求，這兩者之間的高度平衡把各種新的探索的企圖窒息在萌芽狀態之中，把新的材料和新的結構技術排斥在建築領域之外。這也就是文化、社會機制對科學技術的發展和運用的制約作用。本節和第六章的第二節將要詳細地討論這一問題。也就是說，我們認爲，中國建築未能採用新的材料和新的結構技術，沒有向高空發展，原因不在技術，而在於人的觀

念，文化和社會機制。

一、 平面的展開與人的尺度

中國古人是反對發展高空建築的。試看以下的二段
話：

> 劉給事園涼堂，高卑制度，適愜可人意。有知
> 木經者見之，且云：近世建造，率務峻立，故居者
> 不便而易壞，唯此園與法合④。

> 人之不能無屋，猶體之不能無衣。衣貴夏涼冬
> 燠，房舍亦然。堂高數仞，榱題數尺，壯則壯矣，
> 然宜於夏而不宜於冬。登貴人之堂，令人不寒而
> 慄，雖勢使之然，亦寥廓有以致之；我有重裘，而
> 彼難挾纊故也。及肩之牆，容膝之屋，儉則儉矣，
> 然適於主而不適於賓，造寒士之廬，使人無憂而
> 嘆，雖氣盛之耳，亦境地有以迫之；此耐於蕭疏，
> 而彼憎岑寂之故也。吾願顯者之居，勿太高廣。夫
> 房舍與人，欲其相稱。畫山水者有訣云：「丈山尺
> 樹，寸馬豆人。」使一丈之山，綴以二尺三尺之
> 樹；一寸之馬，跨以似米似粟之人，稱乎？不稱
> 乎？使顯者之軀，能如湯文之九尺十尺，則高數仞

　　爲宜，不則堂愈高而人愈覺其矮，地愈寬而體愈形
　其瘠，何如略小其堂，而寬大其身之爲得乎⑤？

十分明顯地，在中國古人看來，大體量的建築以及大面
積的內部空間不能與人形成相應的尺度關係，因此，他
們反對大體量的建築和大面積的內部空間。而當適度體
量的建築又不能滿足人們對大面積空間的要求時，中國
建築又巧妙地利用平面空間的有機組合來滿足功能的要
求。這樣，即使不發展大體量的高空建築，中國建築也
能滿足各種功能的要求。這也就是我們一再強調的中國
建築在平面空間展開的特點。因此，如果說早期的中國
建築在平面空間中展開，組織成羣體，是因爲受到建築
技術能力的限制，那麼，後來之所以進一步沿襲了這一
傳統方法，原因之一則是受到一種重要的觀念——建築
中人的尺度的制約。

　　一位西方學者在談到中國建築對西方現代建築觀念
的影響時，指出：

　　　　現代建築事實上比一般猜想的更受到中國（以
　　及日本）的觀念的影響。一種基於中國性格的，以
　　增加重複單位m來解決人所要求的尺度和規模，以
　　及庭園的露天空間的「柱距」或「開間」已經被採
　　用。這類「模數」存在於可比西爾(Le Corbusier)

（注：即本書所指的柯布西耶）等一類現代建築師
的理論和實踐中，他們之中的一些人，例如法蘭
克‧賴特等曾經在日本工作過，正如摩爾菲曾經在
中國一樣。可比西爾的「模數」是一系列意圖利用
作為建築物尺度的假設長度，主要利用標準的人體
高度出發，從費布尼斯(Fibonacci)（注：即本書
前文所指的費波納奇）級數中引導出來。可是每一
固定於人體比例的單位和諧地組合在中國則更為深
刻，因為它是普遍存在的，而不是偶然的，在文化
的實踐中，是一種工作的準則，並不是只限於是一
種美學上的理論。靈活地適用於不同目的變化的
「單位重複使用」現在已被移植於西方。在另一方
面，在現代的科學實驗室中的建築實例也證明了它
的價值。在中國，忠實於人體比例的傳統毫無疑問
是與沒有採用幾何圖形的桁架的木結構有一些關
聯，雖然現在更易於建造中世紀歐洲人那些完全超
乎人體比例尺度的結構，但是全世界的建築者愈來
愈欣賞中國式的有節制的人本主義，而事實上肯定
與材料無關。各種方法的水平方向上相關的較小空
間的重複比諸獲取巨大寬廣的空間是合適得多的，
這樣做只會使居住在裏面的人變得矮小而已⑥。

可以說，這位學者對中國建築的這一評價，基本上是符

合歷史事實的。中國建築不向高層空間和大體量方向發展，而在平面上加以開展，就是因為這種方法可以使建築物在保證滿足功能的同時，也保持著適宜的人的尺度。而不像西方建築，如古羅馬建築，大面積內部空間的獲得，是以犧牲古希臘建築人的尺度這一傳統為代價的。具體來說，平面空間的組織與人的尺度有如下的聯繫：

第一，避免了大體量建築所形成超人的尺度。我們知道，超人的尺度往往是與大體量的建築聯繫在一起的。而大體量建築，又是獲得大面積內部空間的前提條件。中國傳統建築以庭院空間的方式來彌補內部空間較小所帶來的不足，再加上不同功能的單體建築的組合，實際上，也就是透過組合的方式來滿足對大面積內部空間的要求。這樣一來，中國建築就沒有必要去苦苦探求構築大體量建築的技術，也沒有必要去建造大體量建築，因而也就避免了產生超人的尺度的建築。

第二，適度的內部空間。無論是何種類型的中國建築，總是保持著適度的內部空間。即使是宮殿建築，儘管其外觀宏偉、莊重，體量也比一般建築要大，但其內容空間仍保持著適度的比例。例如，現存最大的木構建築——故宮太和殿，為十一間殿，通面闊為六十九・九三公尺，通進深為三十七・一七公尺，高為二十六・九二公尺，從這些數字不難看出，其長、寬、高之間是保

持著適度的比例關係的。這就明顯地不同於西方宗教建築的內部空間，若非是一個巨大的完整空間，如萬神廟的集中式空間（高爲四十三‧三公尺，圓形穹頂直徑爲四十三‧三公尺），即是在縱深方向和垂直方向加以擴大（典型的例證是哥德式建築）。

正是由於在平面空間上展開的建築能夠兩者兼顧，它既能滿足功能的要求，又能始終保持適度的尺度，所以它成爲中國建築悠久的歷史傳統。至於中國建築爲什麼如此強調人的尺度，而西方建築則不能把人的尺度貫串歷史的始終，這就是兩種文化精神之間的差異所使然。

二、　典型的人居環境

中國文化的一個顯著特點是它的世俗性。中國沒有產生嚴格意義上的自己的宗教。與西方古代文化相比，中國人不否定世俗的生活，不追求超越和永恆，所謂「中庸」、「中和」，也就是要適度，不走極端。在中國古人看來，人生的歡樂就在於世俗性的倫理化和審美化之中，它存在於此岸世界。而西方的宗教文化則是極力否定此岸世界的世俗歡樂，把人生的幸福寄托在永恆幸福的彼岸天堂世界之中。所以，中國的文化是以世俗的人爲中心，人成爲萬物的尺度⑦。這一文化特性反映

在建築上，也就使得中國建築成為一種典型的人居環境。

　　這一點，首先表現在住宅建築成為中國其他類型建築的原型或母題，人居建築成為中國建築的中心。也就是說，中國其它類型的建築，如宮殿建築、宗教建築都是從住宅建築演化而來的。宮殿建築、宗教建築都與一般民宅一樣，都採用了院落式的平面組織方式，建築的外觀造型基本上也是一致的，只不過建築面積和體量大小上有所差異而已。它們都是在庭院空間的基礎上向前後左右加以擴展，基本的表現形式與民宅沒有太大的差異。

　　其次，民宅作為人居建築所特有的品格，其中，最為突出的也就是人的尺度，也在其它類型的建築中體現出來。

第一，建築的體量與庭院空間保持適度的比例關係

　　中國建築是以四合院為基本形式的，也就是以各種有著不同功能建築來圍護一個庭院空間。自然地，在庭院空間與建築體量之間應保持一個適度的比例，大體量的建築相應地必須有一個大面積的庭院空間，反之，小體量的建築又必須具有小面積的空間。這樣，就不會因體量與空間之間的不適，而使人產生空寂荒涼或拘束不安的感覺。例如，中國最大體量的單體建築——太和殿，相應地也有一個最大的庭院空間——一個占地面積

為三萬多平方公尺的廣場。這種大面積的庭院空間對大
體量建築在視覺上是一種襯托作用，它是作為建築的背
景而出現的，在一定程度上，它也限制了大體量建築的
尺度。不難想像，如果太和殿前面是一個小面積的庭院
空間，那麼，太和殿的尺度一定會比現存的形式要大得
多（因此，庭院空間本身也要求不能發展高空建築，高
層建築所圍護的庭院空間顯然是一個逼仄的、擁擠的空
間，也就談不上人居的環境）。所以，庭院空間一定必
須是心靈自由、精神放鬆、自然和諧的所在。

第二，建築的園林化

　　正是由於庭院空間成為中國各種類型建築的基本形
式，也就為建築的園林化提供了前提條件。庭院空間能
直接承受陽光雨露，通風條件好，因此宜於在裏面種植
各種花草樹木，以美化建築環境。這也就開始了建築園
林化的歷史。中國各種類型的建築都有著園林化的傾
向。

　　首先是住宅的園林化。從現存的史料來看，兩晉南
北朝莊園地主的住宅的園林化，一時成為時尚。如西晉
的石崇「有別廬在河南縣界金谷澗中，去城十里，或高
或下，有清泉茂林，眾果竹柏藥草之屬……又有水礁、
魚池、土窟。」⑧他的河陽別墅「其制宅區，卻阻長
隄，前臨清渠，百木幾於萬株，流水周於舍下，有觀閣
池沼，多養魚鳥。」最典型的莫過於詩人謝靈運所經營

的山墅，史書稱其「修營別業，傍山帶江，盡幽居之
美⑨。」謝靈運本人亦曾有多篇詩文加以描述：

　　　　　　躋險築幽居，披雲臥石門。
　　　　　　苔滑誰能步，葛弱豈可捫。
　　　　　　嫋嫋秋風過，萋萋春草繁。
　　　　　　……
　　　　　　俯濯石下潭，仰看條上猿。
　　　　　　早聞夕飆急，晚看朝日暾。
　　　（〈石門新營所住　四面高山　迴溪石瀨茂竹修
　　林〉）

　　　　　　中園屏氣雜，清曠招遠風。
　　　　　　卜室倚北阜，啓扉面南江。
　　　　　　激澗代汲井，插槿當列牆。
　　　　　　羣木既羅戶，衆山亦對牕。
　　　　　　靡迤趨下面，迢遞瞰高峯。
　　　　　　　　　　　（〈田南樹園激流植援〉）

在〈山居賦〉中，描寫就更爲細緻了。總之，謝靈運的
住宅是一種典型的藝術化環境。這一傳統後來經王維、
白居易、司空圖等人的發展，到宋代，就開始形成了文
人園林。而明清時的私家園林，則把這一傳統推到高

潮。

其次它表現為寺廟的園林化。楊衒之的〈洛陽伽藍記〉對當時寺廟的園林化多有記載：

> 寺西有園，多饒奇果。春鳥秋蟬，鳴聲相續。中有蟬房一所，内置祗洹精舍（指禪房内修法處——引者注），形制雖小，巧構難比，加以禪閣虛靜，隱室凝邃，嘉樹夾牖，芳杜匝階，雖云朝市，想同岩谷。（景林寺）

> 誦室禪堂，周流重疊，花林芳草，偏滿階墀。（秦太上老君寺）

> 前望嵩山、少室，卻負帝城，青林垂影，綠水為文，形勝之地，爽塏獨美。……房簷之外，皆是山池，竹松蘭芷，垂列堦墀。含風團露，流香吐馥。（景明寺）

佛寺的園林化，主要有兩個目的，一是修煉禪法，需要一個幽靜的環境；其二是出家苦行，未免有些清寂難忍，於是這些「房廡精麗，竹柏成林」的寺院也就成為可以「寂以遣煩」的「淨行息心之所」了。

這樣一來，寺廟就不僅僅只是神的象徵、宗教活動

的場所，同時它也成為僧人修行內省，以求精神上完善
的場所，是一人居的環境。這就與西方宗教建築完全成
為神的象徵、或者宗教活動的場所，形成了對照。

最後，作為最高統治的封建王權象徵，宮殿建築雖
然不能園林化，但在宮廷區內總是少不了皇家的御園。
園林總是作為宮殿建築的附屬形式出現的。例如，故宮
建築羣後就置有景山風景點，而在其左側則有南海、中
海和北海風景區，這些都是著名的皇家園林。

總之，園林化的目的還是為了形成一個人居的建築
環境，這也是人的尺度的一種表現。人作為尺度，作為
中心，在中國的建築中被加以突出的表現。

三、　超人的尺度：王權的象徵

宮殿建築，作為封建王權的象徵，也是最高統治之
所在，這一特性決定了宮殿建築必然要具有莊嚴、神
聖、至高無上的品格，因此，它也就必然地要具有超人
的尺度。

漢初，蕭何在主持未央宮的建造工程時，曾對漢高
祖劉邦說過這樣一句：「天子以四海為家，非壯麗無以
加威，且無令後世有以加也⑩。」的話。非常明顯地，
宮殿建築本身就成為至高無上的權力的象徵，因而它的
藝術效果必定要是威懾的、震撼人心的。在中國歷史

上，幾乎伴隨著每一次封建王朝的交替，宮殿建築也是
在不斷地交替，舊王朝被推翻，新王朝的建立，相應地
也要摧毀舊的宮殿建築，建立新的宮殿建築，但宮殿建
築的上述特徵則始終沒有改變，始終保持著超人的尺
度。

　　從現存的故宮建築羣來看，儘管宮殿建築中有著衆
多的大體量的單體建築，但中國建築超人的尺度的獲
得，仍然是與平面空間的組織分不開的。整個宮殿區雖
然呈不規則方形，但其主體建築的排列卻是呈一個深長
的南北走向的縱深空間。首先是外部空間組織嚴格的軸
線對稱式，和規則的幾何形空間，使得整個建築羣的布
局規整畫一；其中，又突出強調主體建築——太和殿。
其次，是空間在大與小、開與閉、寬與狹之間反覆形成
對比，如狹長的千步廊空間與寬廣的天安門廣場、天安
門與午門之間收斂的空間與太和殿前寬廣的空間之間的
相互對比，無疑地增大了空間的尺度感。再從建築本身
來看，一方面是庭院空間和建築的體量在逐步地增大，
另一方面，縱軸線上的門洞尺寸在視覺上卻逐步地收
縮，這兩者之間又構成了再一次的對比，從而增大空間
和建築的尺度。因此，我們看到，故宮建築超人尺度的
獲得，仍然是透過平面空間的組織實現的。

　　此外，在中國建築中，超人的尺度還被運用到一些
禮制建築，宗教建築和紀念性的建築之中。如天壇、孔

廟、北魏的永寧寺⑪等都是典型的代表。

　　總體上來看，在中國建築中，超人的尺度只是運用到一些特殊類型的建築中，而且也是一種有節制的超人的尺度，它不以摧毀人的意志力，俘虜人的全部心靈爲最終目的，也就是說，不是建立在徹底的非理性主義基礎上的。這一點，與西方宗教建築的超人的尺度的運用，還是有較爲明顯的差異。

第三節　西方建築：神的尺度

　　在中國古代城市中，主體性的建築一般爲宮殿、官署，在這裏，居住著塵世中的君王和權力擁有者。而在西方古代城市中，主體性的建築則是宗教建築。從古希臘的神廟到中世紀哥德式教堂，一直延續了二千多年。這些宗教建築既是天國神靈、上帝的象徵，同時又是舉行大規模宗教儀式活動的場所。因此，無論是從其功能要求的角度來看，還是從其精神象徵的角度來看，西方建築都是體量巨大的。這在一定的程度上也使得西方建築的尺度要比中國建築的尺度要大。總體上來說，西方建築以超人的尺度，具體地說，也就是神的尺度爲特

徵，當然，這種神的尺度在不同的歷史階段有著不同的
表現形式；再者，西方建築也有人的尺度。下面，我們
就西方建築的尺度加以具體分析。

一、 古羅馬建築的超人的尺度

古羅馬建築與古希臘建築相比較，有兩點變化是非
常顯著的：第一，古希臘人更注重的是建築的外觀造
型，而羅馬人則更注重建築的內部空間；第二，古希臘
建築主要運用的是人的尺度，而古羅馬人則擯棄了這一
傳統，它運用的是超人的尺度，有著明顯的紀念性特
徵。在西方建築史上，古羅馬人開始把超人的尺度運用
於建築藝術中。

建築美的尺度的這一變化，首先是由於古羅馬人的
觀念與古希臘人的觀念的差異性而形成的。在古希臘人
那裏，神人同形，對神的頂禮膜拜實際上也是對人自身
的崇拜，因此，古希臘的神廟建築儘管是宗教建築，是
神的象徵，但它還是採用了人的尺度；而古羅馬人則不
然，他們認為人是神性巨大力量的體現，塵世中的君王
也就是神的代言人，對人的崇拜實質上也就是對神的崇
拜。再者，古羅馬是一個依靠軍事力量建立起來的橫跨
歐亞非三大洲的軍事帝國，軍事勢力的強大，對外侵略
的不斷勝利，使得古羅馬人儼然以世界的征服者的形象

自居，成爲整個世界的主宰。因此，它們必然需要以巨
大形式的建築來表現這一觀念，古羅馬壯麗宏偉的紀念
性建築也就自然地成爲神性和軍事帝國巨大威嚴的象
徵。而建築藝術要表現這些觀念，也就必然地要運用超
人尺度。其次，建築技術的發展，又爲實現這一觀念提
供了條件。我們知道，古希臘神廟建築適度的尺度，實
際上與當時的建築藝術也是緊密地聯繫在一起的，天然
的石材料和古代簡單的梁柱結構技術，使得古希臘人還
難以構築大體量的單體建築，因而也就難以形成超人的
尺度。而古羅馬人則採用了火山灰加碎石所形成的混凝
土作爲建築材料，在結構上也採用了先進的拱券技術，
從而使得大體量的單體建築得以完成。而大體量的單體
建築是獲得超人尺度的一個重要的前提條件。

　　時代觀念的要求以及實現這種要求的現實可行性，
使得古羅馬建築的絕大部分都顯示出超人的尺度，非凡
的氣勢。首先，從城市的規劃上來看，帝國的城市一般
是以中心廣場爲基點加以布局的。作爲政治、經濟、文
化活動的中心，同時也作爲君權的象徵，廣場都顯得十
分壯麗。如凱撒廣場，面積爲160×75平方公尺。最典
型的廣場要數圖拉眞廣場，典型地表現著宗敎式的君權
崇拜。廣場的正面爲一凱旋門，凱旋門本身就以巨大的
體量顯示出非凡的氣勢。門後爲一帶有柱廊的面積爲
120×120平方公尺巨大的廣場，廣場呈軸線對稱式佈置

有各種大型的公共建築和紀念性建築。在廣場的縱深
處，坐落著雄偉壯麗的圖拉眞祭廟，把君王當作神加以
崇拜，這也是整個廣場的高潮處。在城市的主要道路口
都建有雄偉的凱旋門，如君士坦丁凱旋門、提圖斯凱旋
門，都以其雄壯堅實的體量和超人的尺度象徵著帝國的
軍事勝利。

　　超人的尺度還被大量地運用到公共建築之中，如劇
場、角鬥場、公共浴場等等。在公共建築中，連續的發
券成爲獲得超人的尺度的重要因素。例如大角鬥場，如
圖5-1所示。立面高爲四十八‧五公尺，分爲四層，底
部的三層排列著八十間券柱，全部三層的券洞、券柱在
長度和高度上都是相等的，充分體現出結構的完整性和
充滿韻律的節奏感，同時，由於整體結構呈橢圓形，這
些相同因素（券洞、券柱）的排列顯得無始無終，也就

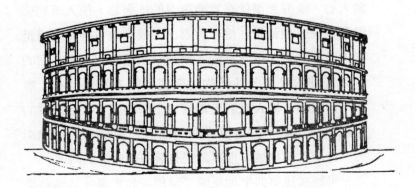

圖5-1　（羅馬）大角鬥場

進一步強化了建築物本身就具有的大尺度。這在古羅馬其它的公共建築中也被經常用到。

二、　中世紀宗教建築的
神的尺度

　　十七世紀英國的一本出版物上宣稱，耶穌會的教堂「利用一切可能的發明來捕捉人的虔信心和摧毀他們的理解力」⑫。如果說，古希臘人崇拜神最終還是崇拜人，古羅馬人是把人當作神來崇拜，那麼，基督教則是要徹底否定人，把一切榮耀歸功於神。這一差別反映在建築美的尺度上，也就構成了古羅馬建築與中世紀建築兩種不同的大尺度。古羅馬建築是超人的尺度，它象徵著人非凡的力量和征服一切並獲取勝利的榮耀，它能激動人心，喚醒那潛伏在意識深處的征服慾，使人感到驕傲和自豪，也就是在這一意義上，我們說古羅馬建築是把人當作神來加以崇拜的。而基督教建築則不然，它的建築是神的尺度，其目的是徹底摧毀人的自信心、尊嚴、征服慾，使人徹底地匍匐於上帝的腳下，乞求神的恩賜。在這裏，神是偉大的，而人則是渺小的。神與人、此岸世界與彼岸世界之間有著一條深深的鴻溝。

　　哥德式建築典型地反映了這種宗教意識。法國藝術哲學家丹納在談到中世紀宗教建築時指出：

　　走進教堂的人心裏都很淒慘，到這兒來求的也無非是痛苦的思想。他們想著災深難重，被火包圍的生活，想著地獄裏無邊無際，無休無歇的刑罰，想著基督在十字架上的受難，想著殉道的聖徒被毒刑磨折。他們受過這些宗教教育，心中存著個人的恐懼，受不了白日的明朗與美麗的風光；他們不讓明亮與健康的日光射進屋子。教堂內部罩著一片冰冷慘澹的陰影，祇有從彩色玻璃中透入的光線變做血紅的顏色，變做紫石英與黃玉的華彩，成爲一圈珠光寶氣的神秘的火焰，奇異的照明，好像開向天國的窗戶⑬……。厭世的心理，幻想的傾向，經常的絕望，對溫情的飢渴，自然而然使人相信一種以世界爲苦海，以生活爲考驗，以醉心上帝爲無上幸福，以皈依上帝爲首要義務的宗教。無窮的恐怖與無窮的希望，烈焰飛騰和萬劫不復的地獄的描寫，光明的天國與極樂世界的觀念，對於受盡苦難或戰戰兢兢的心靈都是極好的養料，基督教在這樣的基礎之上統治人心，啓發藝術，利用藝術家⑭。

丹納告訴我們：天國與地獄、塵世的苦海與上帝的光輝，這兩者之間的極大的反差，成爲基督教藝術表現的主旨。

　　以哥德式建築爲主體的中世紀宗教建築也充分地表

現了上述的觀念。可以說，它是一個矛盾的產物。從外
觀造型上來看，它排斥了古希臘建築的平衡，古羅馬建
築的圓形拱；它不在水平線上展開，而更側重於垂直線
上向高空發展。一方面是龐大的體量，給人以厚實沉重
之感，另一方面，又以垂直線上的細部處理，尖拱的採
用，使得整個建築呈自由上升之勢。這樣，不是在壓力
與支撐力之間尋求靜態的平衡，而是整個建築力圖擺脫
自身巨大的軀體的壓迫和束縛而自由升空，這樣，哥德
式建築在外觀上都顯示出極大的矛盾性和衝突。彷彿束
縛在肉體內殼裏的靈魂試圖擺脫束縛而自由昇華一樣。
同樣地，哥德式教堂建築在內部空間的組織上，其縱深
空間和垂直空間也形成了巨大的矛盾性。無疑地，這些
矛盾性和衝突性都強化了教堂建築本身所具有的神的尺
度。

　　無論是在其外部還是在其內部，哥德式教堂的細部
裝飾都是十分繁複的，使人感到目眩神迷，讚嘆不已。
在其外部，全身都佈滿了垂直線，而且越向上，細部畫
分也越來越細。我們知道，細部畫分越細，建築的體量
也就顯得越大。同樣地，內部空間，裸露的柱券結構呈
規律地排列著，這無疑也增大了內部空間的尺度。

　　顯然，哥德式教堂建築無論是從哪一個角度來看，
都是極力強調神的尺度的，是為了製造宗教氣氛而服務
的。雖然，哥德式建築有著其輝煌的藝術成就，但同

時，它畢竟是包含著消極的宗教意義。

三、　古希臘與文藝復興時建築的人的尺度

　　古希臘美學思想中的一個重要的觀點，就是認為美在於比例的和諧，而人體則充分地體現了這種和諧的比例。畢達哥拉斯學派指出：「至於美……卻不在各因素之間的平衡，而在各部分之間的對稱——例如各指之間，指與手的筋骨之間，手與肘之間，總之，一切部分之間都要見出適當的比例，……身體美確實在於各部分之間的比例對稱⑮。」斯多亞學派中有人主張：「身體之美在於四肢相互間的安排以及它們和整個人體的關係中所保持的比例；靈魂之美的情形也彷彿如此⑯。」古希臘把人體的比例和尺度視為美的典範，藝術作品也必須以人體作為模型。古希臘的雕刻和建築都充分表現出這一觀念。「由於自然在創造人體時，使他的肢體跟它的全體結構成比例，所以古人在建築上所持的原則，也是各部分間的關係應當符合於整體⑰。」

　　古希臘的神廟建築的比例關係就是以模仿人體比例而形成的。維特魯威在《建築十書》中指出：「建築物……必須按照人體各部分式樣制定嚴格的比例⑱。」而人體比例的最重要的特徵，也就是黃金分割律，即1:

1.618或1：0.618，古希臘神廟建築的比例就是依照黃金分割比例或其函數形式0.582：0.472而被建立起來的⑲。這種根據人體比例建立起來的建築，由於其有機構成與人體的相似性，自然也就會形成一種適度的、親切自然感。

　　普羅泰戈拉指出：「人是萬物的尺度⑳。」以人為中心是古希臘文化的精華，也是古典美學的核心思想之一。人的尺度在建築中的運用，也是這種文化精神的充分體現。不過，隨著拱券結構技術的採用，一種新的對人神關係之理解的出現，古羅馬建築採用了超人的尺度。而基督教文化的興起和鼎盛，則完全捨棄了古代建築人的尺度的傳統。直到文藝復興，古典文化的再度興盛，西方人在新的文化背景下對古典建築人的尺度加以重新理解，才使得古典建築這一傳統得以恢復。

　　即使是採用人的尺度，我們看到，中國與西方之間也是存在差異性的。中國建築更側重於創造一個人居的環境，而不僅僅只是一種對外觀體量和內部空間形式的理解，而西方古代建築則是從比例的角度去理解的。吾人不能不說，中國建築人的尺度比西方要寬泛，也更完整地體現出人為中心的觀念。

◈注釋◈

① 《歌德談話錄》第186頁，人民文學出版社，1978年，第1版。

② 參見黑格爾：《美學》第三卷上冊，商務印書館，1979年版。

③ ［英］貝爾納：《科學的社會功能》第297～298頁，商務印書館，1982年第1版。

④ 李格非：〈洛陽名園記・劉氏園〉。

⑤ 李漁：〈閒情偶寄〉。

⑥ 轉引自李允鉌：《華夏意匠》第261頁，（台灣）龍田出版社，1982年版。

⑦ 中國文化以人為中心是相對於西方基督教文化以神為中心而言的，它與西方文藝復興時的人為中心論還是有著很大的差異的。

⑧ 石崇：〈金谷詩序〉。

⑨ 〈宋書・謝靈運傳〉。

⑩ 〈史記・高祖本紀〉。

⑪ 楊衒之的〈洛陽伽藍記〉對永寧寺有詳細的描述。

⑫ 轉引自陳志華：《外國建築史》第133頁，中國建築工業出版社，1979年版。

⑬ 丹納：《藝術哲學》第51～52頁，人民文學出版社，

1963年第1版。

⑭ 丹納：《藝術哲學》第51頁，人民文學出版社，1963年第1版。

⑮ 《西方美學家論美和美感》第14頁，商務印書館，1980年版。

⑯ 轉引自［波］達達基茲著，劉文潭譯，《西洋六大美學理念史》第288頁，台灣丹青圖書有限公司，1987年第1版。

⑰ 見達達基茲：《西洋古代美學》，台灣聯經出版事業公司。

⑱ 轉引自陳志華：《外國建築史》第29頁，中國建築工業出版社，1979年版。

⑲ 見達達基茲：《西洋古代美學》有關分析。

⑳ 《西方哲學原著選讀》：上冊第54頁，商務印書館，1984年版。

第六章

建築美的精神：科學與人文

　　建築是科學技術的產物，它涉及到數學、力學、光學、聲學、材料學等等方面的科學技術知識；同時，它又凝結了社會文化的意識，表現了一定的政治、倫理、宗教以及審美等社會意識觀念。因此，建築美的精神可以說是由科學和人文這兩個方面構成的，它是科學與人文精神的統一。而這兩者的統一，在中西建築藝術中是各有所側重的。相對來說，西方建築更側重於科學精神的表現，中國建築則更側重於人文精神的表現。

第一節　影響建築美表現的兩種力量

　　既然建築美是科學精神和人文精神的統一，那麼，建築美的表現則很自然地要受到科學技術的發展和人文精神的性質的制約，兩者成為影響建築美表現的關鍵性因素。

一、 科學技術對建築美表現的作用

科學技術是影響人類文明的歷史進程的一個巨大的動力，同樣地，它對建築美表現的影響作用也是巨大的。具體來說，它的作用主要表現在以下三個方面：

第一，建築材料和結構的改變

科學技術的發展，爲建築提供了新的建築材料。新的材料的發明，又爲新的結構技術提供了條件。例如，在西方建築史上，拱券結構是與火山灰加碎石的混凝土聯繫在一起的，而現代建築的框架結構和懸挑結構則是與鋼筋混凝土材料分不開的。

建築材料和結構的改變，無疑地豐富了建築美表現的形式。圍限於天然的石材或木材，以及簡單的梁柱結構形式，無論是建築的外觀造型還是內部空間形式，都是有限的、單一的，它也就不能很好地表達藝術理想。因此，在古代建築中，往往較多地使用簡單的象徵手法，或藉助於雕刻、繪畫等藝術手法，去表達某種觀念。而現代建築，由於材料和結構的豐富性，使得建築藝術的表現形式也隨之變得豐富多彩。建築師可以根據藝術表現的需要，或者採用梁柱結構，或者採用拱券結構，也可以採用懸挑結構或框架結構，建築的外觀和空間形式也可以根據藝術表現的需要做成各種各樣的幾何

形，而不必是單一的矩形或圓形。顯然地現代建築藝術家比古代建築藝術家所受到的束縛要小得多，而這就是由於科學技術的發展，使得建築藝術表現日趨自由。

第二，空間觀念的改變

我們一開始就指出，建築是空間的藝術。而科學也研究空間問題。科學對空間的研究勢必會改變人們對空間的理解。這一點，在西方建築史上表現得尤為突出。可以說，在古代社會，由於經典物理學和歐幾里德幾何學對空間的理解，還祇是停留在三度空間上，因而整個西方的造型藝術，包含建築藝術在內所表現的內容也都僅限於三度空間，這無疑束縛了造型藝術表現的內容。而正是非歐幾何學和現代物理學的產生，使得人們對空間的理解有了新的發展，出現了四度空間的觀念，也正是在這一基礎上，才產生了現代建築的時—空間的一體化。這種新的空間的觀念，為建築藝術美的表現，提供了新的廣闊天地，也使得建築藝術的發展，開始了一個新的歷史階段。

第三，科學美在建築藝術上的體現

科學不僅僅只是求真，它本身就具有一定的審美價值，有其符合美的規律的一面。因此，科學技術對建築美的表現的影響還在於，建築直接表現了科學美。

首先，從數學上來看，建築中的各種比例關係就是科學美的一種表現。例如，在古希臘神廟建築中，「一

個開間被三隴板畫分為二，被釘板畫分為四，最後被瓦
璫畫分為八，從而自下而上形成了1：2：4：8簡潔的等
比關係①。」這種數學上的和諧美在建築上，可以說是
隨處可尋。再者，建築還體現了幾何形狀的完整性和單
一性。在古代建築中，矩形和圓形運用得較多，而圓形
和矩形都有一種靜態的完整性。有的古典美學家甚至認
為圓形是最美的形狀。

其次，從結構上來看，建築也體現了科學美的特
徵。古希臘建築就體現了一種靜力的和諧美，即在壓力
與支撐力之間達到了完美的和諧狀態，壓力與支撐力之
間的相互消融，使得整個建築處於一種莊嚴的靜態之
中。再例如，在拱券結構中，柱券的有序排列，也顯示
出動態的韻律感。最後，建築的結構還顯示出結構的整
一性、對稱性和完整性，這也是科學美的表現。而現代
建築則是以其單純的幾何形和線條顯示出科學美的簡潔
性。

二、 人文精神對建築美表現的作用

建築不僅僅祇是人類軀體的寓所，同時也是人類精
神的寓所。人類社會生活精神性的內容也必然要體現在
建築上，也就是說，建築也要表現出一定的社會觀念、
文化觀念。具體地說，這些社會、文化觀念包括政治、

道德、宗教、生活方式、人生態度等方面。

　　建築首先具有強烈的政治性，這一點集中表現在紀念性建築和宮廷建築中。羅馬帝國建築業的繁榮就與羅馬帝國的政治、軍事勢力的強盛緊密相聯的，建築成為政治軍事勢力的象徵。古羅馬建築普遍地追求體量的壯觀、氣勢的磅礴，可以說，這是古羅馬建築的基本品格，無論是神廟建築、巴西利卡、公共浴場、鬥獸場、劇場等公共建築，還是廣場、凱旋門、紀念柱等紀念性建築，均是如此。至於宮廷建築，可以說最具有政治性的建築，幾乎無一例外地成為王權統治的象徵。例如十七世紀古典主義者設計的法國凡爾賽宮，其設計的基本意圖就是為了突出君權至上的政治觀念，它構圖簡潔，呈嚴格的軸線對稱式，主次分明，顯示出秩序、規範、等次。同樣地，中國古代宮殿建築也體現出這一特徵。

　　其次，建築還與宗教緊密聯繫在一起。宗教建築就是為舉行宗教儀式而興建的。而宗教教義精神的不同，也勢必影響到宗教建築的形式。古希臘神廟建築雖然也是一種宗教建築，但由於在古希臘人的觀念裏，人神同形，對神的崇拜，也就是對人的崇拜，因此，古希臘的神廟建築的主要特徵是莊重、典雅，它卻採用了人的尺度，因而不壓抑人的精神。而在古羅馬人看來，神就是那些具有傑出的政治和軍事才能的塵世中的君王，對神的崇拜也就是對君主的崇拜，它是把人抬到了神的地

位。古羅馬的宗教建築是採用了超人的尺度，其外觀形式和內部空間都尺度宏大，體量壯觀。基督教則是一種真正的對神的崇拜的宗教，它否定世俗生活，追求彼岸世界的天堂，有著一個高高在上的、無所不能的神。因此，哥德式教堂才採用了真正的神的尺度，因而也有著一種摧毀人的意志力和自信心的威懾力。

在中國盛行的佛道二教，明顯地具有世俗性的特徵。中國人信奉宗教，雖不免有對神的崇拜的涵義，但更主要地是假此去追求一種人格上的自我完善和自由無拘的生活方式。因而中國也就沒有嚴格意義上的宗教建築，許多宗教建築則是直接從世俗的民宅形式改造而成的。因此，宗教建築與世俗建築之間在型制上沒有什麼根本性的差異。

再次，建築還與人們的生活方式緊密相關。人生態度、生活情趣、行為方式等都在建築中有所表現。中國的古典園林就典型地表現了封建士大夫追求淡雅自然、寧靜幽遠的田園風光，自適自娛的生活方式，它與「獨善其身」的人格理想是密不可分的。同樣地，在西方建築中，洛可可風格的建築也與當時上流社會的生活方式有關。十八世紀的法國封建貴族已日趨沒落腐朽，上層貴族的生活方式也變得矯揉造作，追求一種病態柔弱和變幻。洛可可式建築就是通過各種裝飾，使得整個建築有著纖細、輕巧、華麗、變幻、繁瑣的裝飾性，大量地

運用曲線、漩渦形和嬌艷的色彩，使得建築充溢著脂粉
氣息，是一種病態的、無聊空虛的生活方式以及柔弱無
力而又敏感心態的表現。

　　最後，建築還受到一定的社會倫理道德觀念的影
響。這一點在中國古代建築中表現尤為突出。我們將在
後文作進一步的詳細說明。

　　需要補充說明的是，建築雖然受到科學技術的發展
和人文精神性質的影響，但兩種影響力亦不是各自分離
的，而是一種合力，它們共同影響著建築美的表現。

　　自然（科學技術主要涉及的是自然現象）和人文是
人類文明史進程中的兩個不同方面，這兩個方面相互制
約，又相互影響，共同構成了人類的社會生活。從建築
史的發展來看，也充分地體現出這一點。例如，古羅馬
建築所具有的超人的尺度，一方面是與羅馬帝國的政
治、軍事勢力的強盛相關，另一方面又與拱券結構的發
明緊密相關，兩者缺一不可。同樣地，哥德式教堂建築
的審美特徵固然是其力圖表現基督教教義精神的體現，
同時它也是尖肋拱技術的產物。現代建築的時—空一體
化，也是現代西方人文精神和科學技術的共同產物。反
過來，科學與人文之間的相互制約也影響到建築美的表
現。中國的科學技術由於嚴格地受到封建倫理道德的制
約，而在近代社會停滯不前，已發明的科學技術也未能
及時轉用到實踐領域，因此，中國的建築在結構形式和

材料上幾乎沒有什麼大的變化，這也就制約了中國建築
藝術表現形式的多樣化。因此，科學與人文，共同制約
著建築藝術美的表現。

第二節 中國建築的人本傾向

與西方古代基督教文化相比，中國文化明顯地具有
人本主義傾向②，它強調以現實的感性人生爲中心，不
追求人以外的東西，這就與西方古代以神爲中心的宗教
文化形成了鮮明的對比。這種人本主義傾向，同樣也體
現在建築中。

一、 建築的人本主義

中國建築的人本主義傾向最根本的特徵在於其設計
的觀念是以人爲中心的。「可居、可觀、可遊」是中國
建築作爲人居環境的充分體現。

首先，中國建築總是保持著適度的體量和空間形
式，在這種形式的建築中，人的感覺是輕鬆自然、和諧
統一的，從而避免了大體量建築所形成的壓抑感。

中國的宗教建築也明顯地具有世俗性的特點，許多

寺廟是直接由民宅略加改變而成：

　　「建中寺，普泰元年，尙書令樂平王朱世隆所立
也。本是閹官司空劉騰宅③。」

　　「願會寺，中書舍人王翊舍宅所立也④。」

　　「（段）暉舍宅爲先明寺⑤。」

　　在這裏，宗敎建築不僅僅祇是舉行宗敎儀式活動的
場所，同時也是僧人道士追求心靈的自我完善、修身自
省的場所。它也是一人居的環境。故而沒有必要像西方
宗敎建築那樣，力圖體量和內部空間的宏偉，相應地也
就不會形成神的尺度，從而使人與建築物之間始終保持
著自然統一的關係。可見，即使是宗敎建築，其設計的
觀念也離不開人和人的活動。

　　其次，「可觀」是中國建築人本精神的又一表現。
不同於西方建築，建築被當作雕刻藝術，人們是從外部
的某一個固定視點去觀賞它，欣賞者置身於建築物之
外，而中國古代則把建築作爲人的活動基點，建築的內
部本身就是一個動態的過程，同時，建築又是向外擴展
的立足點，人必須置身於建築物之內，才可能觀賞建築
以及自然景點。

　　「可觀」也就是強調視野的開闊性，空間的無限
性。有的學者在論及中國傳統文化的封閉性時，總是以
中國建築作爲佐證，認爲四合院的建築也就是一種封閉
的空間，是封閉性文化的體現。這種評論是有欠公允

的。封閉性恰恰是西方建築的特徵,西方古代的單體建築基本上是一種封閉的內部空間。相比之下,中國建築則是既封閉又開放的。中國的庭院式的平面布局有封閉性的一面,但這種封閉性是有限的,不是全閉的,首先,庭院的頂部是開放的;其次,庭院的圍牆並不高,人的視野很容易透過圍牆伸展到院外;再次,院內的空間是流通貫串的,院內是一開放的空間系列。因此,中國建築在封閉中有開放,人在其中活動,自然也就有自由感,視野不會受到阻礙。

最後,中國建築還要求「可遊」,這也就是我們前面所講的建築的園林化。它表現在一般建築中,是庭院的美化,如種植花草樹木,構築簡單山石,盆景等;但其典型的形式則是景區宗教建築和園林建築。所謂「可遊」,也就是要求建築不僅要創造一個人居的環境,同時還要創造一個具有欣賞價值的環境。其基本方式有二:其一,在自然風景區構築建築羣,把自然風景與建築結合起來。這主要體現在景區宗教建築和文人的山莊別墅上,在這裏,建築是為人們更便利地遊覽風景產生的,因此,建築不能破壞景觀;其二,以人工的方式在建築羣內構築自然景觀,如花草樹木、假山、湖石、池塘等,這種形式的典型代表就是園林。

無論是景區宗教建築還是園林建築,景觀與建築都不是簡單地相加,而是有機的融合。這種融合,不僅僅

只是兩者在空間構置上的有機統一，而且還包括精神意
義上的統一，也就是人文精神與景觀的統一。在中國，
很少有純粹地欣賞自然美的，自然美總是某種人的精
神、心靈的表現，這也就是所謂的「一片自然風景就是
一個心靈的境界。」⑥從最早的孔子提出的「智者樂
水，仁者樂山」到魏晉的「澄懷暢神」，都是如此。建
築也不例外，這裏的自然景觀總是表現出某種人文精
神。景區宗教建築總是與宗教氣息相聯，故主要的寺廟
多選址於谷底或山頂，幽深神秘，或萬峯俱收、君臨一
切的境界正是宗教所需要的氣氛。而園林和文人的山莊
別墅則多托於漁隱之意，以求自然淡雅、返樸歸眞的田
園風光，而這又與文人的人生態度和人格精神相一致。

　　「可居、可觀、可遊」，是中國建築以人為中心的
設計觀念的體現，同時也是人文主義傾向的表現。

二、　詩意化、倫理化的庭院

　　我們在前文中已指出，庭院是中國建築設計的基本
意念，是中國建築的母題、基本單位。人文主義的傾向
也集中地體現在庭院的組織安排上。具體地說，這也就
是庭院的詩意化和倫理化，也就是中國文化禮樂精神的
體現。

　　儒家思想的一個重要內容就是禮樂精神。禮和樂本
來是指兩種不同的儀式活動，禮是指祭祀山川天地、列

祖列宗等活動，樂則是指皇室貴族的娛樂活動，相應地也就有禮器與樂器之分。儒家從這兩種早期的儀式活動中引申出一對互補的概念，禮在這裏是指封建的政治、倫理道德秩序，如君君、臣臣、父父、子子，它把人畫分為尊卑有序，上下有別的不同等次，而樂則是指娛樂精神、陶冶性情，它的社會功能在於把不同等次的人們統一為一個整體，即所謂「樂者為同，禮者為異」，「樂者，天地之和也；禮者，天地之序也。」⑦禮、樂、刑、政共同構成了儒家政治思想的重要內容。禮是秩序、規範，樂則使人們自覺地認同這些秩序、規範，把外在的政治、倫理道德秩序轉化為內在自覺的情感要求。

　　作為中國建築基本形式的庭院典型地體現了這一觀念。一方面，四合院的布局是具有嚴格的規範和秩序，一般來說，居中為尊，中堂為中心建築，它位於中心軸線上，是全院的中心，軸線兩側則為廂房，後面（北面）的小院則為廁所、貯藏室以及僕人居住的場所，整個布局具有明顯的等第次序之分。另一方面，它又是統一的整體，各種不同等次、功能的建築共同圍護著一個庭院空間。這種庭院空間把戶外空間組合到建築範圍內，成為公共活動的場所，家庭的各種成員都可以在此圍坐，從事娛樂以及一般性的家務活動，老人可以在這裏聊天、曬太陽，小孩則在這裏嬉玩，婦女在這裏從事

女紅等家務活動，夏夜也可以在此乘涼，庭院成爲家人在一起享受天倫之樂的極佳場所。也正是出於這一原因，中國古人十分重視對庭院的美化，使它具有濃厚的詩意化的色彩。這一點可以從大量描寫庭院的古典詩文中看出：

庭院深深深幾許，楊柳堆烟，簾幕無重數。（馮延巳〈鵲踏枝〉）

小徑紅稀，芳郊綠遍，高台樹色陰陰見。……一場愁夢酒醒時，斜陽卻照深深院。（晏殊〈踏莎行〉）

別夢依依到謝家，小廊回合曲闌斜；多情祇有春庭月，猶爲離人照落花。（張泌〈寄人〉）

裊晴絲，吹來閒庭院，搖漾春如線。（湯顯祖〈牡丹亭·遊園〉）

園林的出現，實際上也就是庭院詩意化發展的結果。

不僅庭院如此，實際上，禮樂這種互相補充的精神在中國建築中隨處可見，小至一般民宅的四合院形式，大至宮殿建築和宗教寺觀建築，一方面，它們都有其嚴

格的軸線對稱，突出中心建築，主次分明；另一方面，
又有其自然幽靜、花園式的附屬部分，即附屬於主體建
築的後花園。在先秦時期，布局嚴謹的宮殿建築與皇族
遊樂的苑囿還是分離的兩部分，而到了明清兩代的故宮
建築羣，則把兩者結合在一起，在宮殿建築的後部以及
附近都有這種園林式的建築，兩者形成相互補充，從而
構成了中國人的兩種有著不同功能的活動場所，以滿足
兩種不同的精神要求。

三、　建築與倫理秩序

從上面的分析中，我們可以看到，在中國古代，倫
理道德與其說是屬於倫理學的範疇，毋寧說更主要地是
屬於政治學的範疇，它是維護封建統治的一個重要手
段。所以，這種具有濃厚的政治色彩的倫理道德秩序成
爲封建統治的一種象徵，因而這種觀念也就必然地要在
建築中有所反映。

這種觀念，早在《周易》上就有所體現。〈周易‧
繫辭下〉認爲建築活動主要依據的卦象爲「大壯」（
☳），爲上震下乾。「象曰：雷在天上，大壯。君子以
非禮弗履。」⑧意指「以震比刑，以天比朝廷，以雷在
上比刑罰在朝廷之上，爲統治者所掌握，此是威力甚壯
之統治工具。君子觀此卦象及卦名，從而畏朝廷之刑
罰，守社會之禮制，非禮之事不肯行，以免陷於刑

辱。」⑨可見，建築也必須體現出這種封建倫理道德秩序，尤其是宮殿建築，它成為封建王朝的象徵。因此，在中國的歷史上，幾乎沒有一個朝代不是如此看待宮殿建築的。即使是國力貧乏，也絲毫不願降低宮殿建築的規模。而且，幾乎伴隨著每一次的朝代更替，差不多都要焚毀已有的宮殿，重新建立新的宮殿，以此象徵舊的王朝的覆滅和新的王朝的建立。

不僅儒家思想如此，墨家也有同樣的要求。墨子就要求「宮牆之高」，要「足以別男女之禮⑩。」

具體地來說，這些尊卑等次的觀念主要體現在建築的高度、體量、型制以及色彩等方面：

高度：越高越為尊貴。

「天子之堂九尺，諸侯七尺，大夫五尺，士三尺⑪。」

體量：越大越為尊貴。

「一品二品廳堂五間九架，……三品五品廳堂五間四架，……六品至九品廳堂三間九架，……⑫」

型制的尊卑次序為：重檐比單檐尊貴；從頂部來看，尊貴次序為：廡殿、歇山、懸山、硬山等。

色彩。〈春秋穀梁傳·莊公二十三年〉中稱：「楹：天子丹，諸侯黝，大夫蒼，士黃。」這裏就明確地規定了色彩的尊卑次序。一般來說，這種次序為：黃、赤、綠、青、藍、黑、灰等。

四、　人本精神對中國建築美發展的制約

前文中，我們把中國建築美的發展畫分為三個階段：即由宮殿建築經由景區宗教建築到園林建築這樣的歷史發展過程。這一歷史發展過程，其動力相對來說，更多是來源於人本主義精神而不是科學技術。一個明顯的例證是，中國建築雖然有數千年的歷史發展，但建築的材料和結構卻都沒有什麼根本性的變革，科學技術的發展對建築藝術發展的影響力顯然是不大的。相應地，建築內部空間的發展不夠充分，建築藝術的發展更主要地體現在外部空間上，而外部空間的組織，則較少地受到科學技術發展的影響，而更多地是受到人文精神的影響。

中國建築的庭院空間就明顯地表現出以禮樂為主的中國文化精神。而宮殿建築又有著明顯的等第次序的區別，宮殿建築庭院空間的形式，既滿足了內部空間較小而形成的不足，同時又十分明確地把君臣加以區分。

景區宗教建築，文人山莊別墅、園林建築的出現，也與中國思想史上儒、道、釋三者的合流有著密切的關係。魏晉南北朝時期，是中國封建社會發展的一個重要的歷史時期，經歷了東漢末年的社會動盪，思想界出現了自春秋戰國以來的又一個繁榮時期：佛學的輸入、玄

學的盛行、老莊虛靜無爲而又狂狷不羈的崇尙自然的思想之復興，強烈地衝擊著漢武帝以來思想界「獨尊儒術」的僵化局面，佛、儒、道三家思想相互影響。玄學爭辯的一個重要目的就是試圖把三者，尤其是儒、道思想統一起來，佛敎也開始了中國化的歷程，中國文人士大夫的人格理想也開始醞釀著歷史性的轉折。而這又直接影響到文人士大夫其審美趣味的變化，進而影響到中國建築美學史的發展。

　　在這個歷史發展過程中，佛敎，尤其是其中國化形式──禪宗，有著不可忽視的作用。中國人對佛敎的接受，一開始就是以自己已有的文化傳統作爲闡釋的工具的。〈魏書・釋老志〉就是用儒學的仁、義、禮、智、信去解釋佛家的五戒：去殺、盜、淫、妄言、飲酒。倘若再仔細看一看，〈魏書・釋老志〉中所記載的好浮圖之說的上層統治者，幾乎無一不是同時兼信黃老之說的。的確，這三種思想有它統一的一面：佛學講究出世，清靜寡慾；道家則主張齊生死、等富貴，以退求進；即使是主張積極入世，以至於要「殺身成仁」的儒家也有其退隱的一面：「飯蔬食飲水，曲肱而枕之，樂亦在其中矣」，「一簞食，一瓢飲，……不改其樂。」這三者共同鑄就了中國封建文人士大夫人格理想的一個重要側面，即信奉清靜淡泊、自適自娛的生活方式，「達則兼濟天下，窮則獨善其身」，成爲中國封建文人

士大夫的人生態度。應該說，這個歷史轉折在兩晉南北朝時期已開始萌芽，到了中唐以後，得到了充分的發展。而到了宋代的蘇軾，則是集儒、道、釋於一身的典型了。

思想史上的這一巨變，直接導致了封建文人士大夫的人生態度、生活方式以及審美趣味的變化。在人生態度上，從積極的入世、進取發展到以消極的出世、退隱為主；在生活方式上，從嚴謹的、規範的生活方式發展為放浪形骸，狂狷無拘；在審美趣味上，從追求聲勢之壯、華麗的裝飾發展到追求清淡幽雅的自然美。正是在這一文化背景下，景區宗教建築、文人山莊別墅以及仿景區建築的園林建築才得以興盛起來，從而形成了中國建築美學史上具有重大意義的景區宗教建築和園林建築這兩種類型的建築。

其次，人文精神還制約著科學技術對建築美表現的影響力。在第五章第二節中，我們已經討論過這一問題。在中國古代，並不是科學技術不發達，也不是沒有出現新的建築材料和新的結構技術，更不是沒有建構大體量的、高層建築的能力，但這些都沒有在房屋建築中出現。我們認為，其根本原因乃是在於人文精神制約了科學技術的社會作用。

在中國傳統文化精神中，帶有濃厚政治色彩的倫理道德秩序佔據著中心地位，它制約著其它文化因素的活

動。同樣地，科學技術也受到這種力量的制約。在人們
的觀念中，倫理道德秩序的觀念是第一位的，科學技術
的新發現必須服務於這種倫理道德秩序，維護它，並對
它進行論證說明。而當科學技術的新發現與這一基本觀
念相衝突時，它就會採取漠視的態度，甚至排斥、攻擊
科學技術，因為對已有的倫理道德秩序的破壞，本身就
意味著對現有的整個社會秩序的破壞。

　　在建築科學領域裏，以木質梁柱結構和外部空間為
主要特徵的建築形式，與傳統文化精神之間保持著高度
的統一性。這種建築形式完美地表達了傳統的文化精
神：以人為中心，以倫理道德秩序為本位，禮樂精神相
統一等等。而新的材料和新的結構技術的採用，則勢必
會破壞這兩者之間高度完美的統一，例如，高層的、大
體量的建築就很難保持適度的尺度；以單體建築為主就
很難表達禮樂相統一的精神以及倫理道德秩序；拱券結
構所形成的穹形內部空間也不是一種適度的空間形
式，……非常明顯地，一旦採用了新的技術形式，必然
會造成上述觀念表達上的困難，人們必須去探求與新的
技術相適應的表達形式，而且也很難保證這種表現形式
就比已有的形式在表達上更充分、更完整。正是在這種
情形下，中國古人放棄了對新的建築形式的探求，而是
不斷地完善已有的形式。這樣，即使有新的科學技術的
發明，也無法在建築藝術領域內施展開來。

第三節　西方建築與科學精神

在西方建築美的表現中，科學技術的影響作用則更大。科學技術的發展，不僅僅導致建築材料、結構技術的變化，進而影響到建築的外觀造型的變化，同時，它還會導致建築藝術觀念的更新。具體地說，由於古代科學和近現代科學對建築藝術美的表現有著明顯的差異性，因而也就形成了古代和近現代有著兩種明顯差異的建築藝術觀念，形成了兩種有著不同審美特徵的建築藝術。

一、　古代科學技術對建築美觀念的影響

古代社會對美的理解，主要是從形式的角度把美歸結為和諧的，如比例、結構、形狀、韻律、色彩等等，這些形式非常明顯地是作為對象的一些自然屬性而存在的，因而也就很容易受到科學技術的影響。建築美也不例外。在古代科學技術中，對建築美影響最大的要數數

學和力學了。建築形式美的基本要素如比例、對稱、構圖等，基本上可以歸結爲數的問題和幾何學問題，而結構問題則可以歸結爲力學問題了。

西方建築是在古希臘建築的基礎上發展起來的，而古希臘建築的美學觀念明顯地受到了初步發展起來的自然科學的影響。首先是數學的影響。數學家、也是哲學家的畢達哥拉斯認爲，「數爲萬物的本質，一般說來，宇宙的組織在其規定中是數及其關係的和諧的體系⑬。」古希臘人普遍相信，宇宙的比例是和諧的，人爲的事物都是必須服從於這種和諧的數學比例關係，人體也是如此，大自然按照自身的結構比例創造了人。這樣，就把美與精確的數的比例關係聯繫起來。同樣地，建築也應當體現出這種數的和諧。因此，比例的和諧成爲建築美表現的一個重要內容。不僅古希臘建築如此，它還成爲整個西方古代建築美所追求的重要內容。古羅馬建築學家維特魯威認爲，「……如果一座神廟建築沒有像一個體格勻稱的人那樣具有各部分準確的構成，那麼，任何缺乏對稱和比例的神廟都不可能具有正確的結構⑭。」此後，中世紀、文藝復興、古典主義建築等都把比例的和諧美作爲信條。阿爾貝蒂雖然反對把和諧單純地理解爲數的比例，但他仍把數作爲藝術和諧的重要內容，他認爲構成建築美的要素有三，即數、完整性和布局⑮並且進一步指出，建築物的各部分「無疑地應該

受藝術和比例的一些確定的規則的制約。……」⑯古典
主義者勃隆台也認為「美產生於度量和比例⑰。」這種
源於古希臘的美在比例的觀念，其核心就在於認為美的
客觀規律就是比例的和諧，這種比例的和諧也是世界的
內在規律。建築作為人的創造物，它也必須體現出這種
數的比例和諧，建築的審美問題在這裏被歸結為數學問
題。至於比例在建築藝術中的具體運用，我們在前面各
章中均有所涉及，這裏就不重複了。

　　數學對建築藝術的影響的另一個表現是幾何學。其
實，畢達哥拉斯學派所講的數的和諧，其中也包含了幾
何圖形的和諧。西方古代建築所強調的構圖和內部空間
的完整性以及統一性，實際上都與幾何圖形緊密相關。
在古代建築中，其立面構圖一般都表現為完整的幾何
形，內部空間則表現為完整的幾何體，即或矩形，或圓
形，或三角形，或橢圓形等等……，非常明顯，古希臘
所理解的美，以及在建築藝術中所力圖表現的美，都是
一種規範的形式美學，它是可以用數學的方式去加以表
達的美，而這些形式特徵，又是作為對象的客觀屬性而
存在的。

　　但是另一方面，這些數量關係又不是一種機械的相
加或者拼湊，而是要構成一個整體，它是與「有機性」
這一觀念緊密相聯的，也就是說，美和藝術是生動完整
的有機整體。在亞里斯多德看來，美和藝術，其根本特

徵就在於把雜多統一爲一個活的有機整體，美必須具有
活的有機整體性。而這種有機整體觀念不僅在古希臘的
建築藝術中有充分的表現。同時，在威特魯威和阿爾貝
蒂等人的建築美學觀中也有充分的體現。當然，古典建
築藝術的「有機性」還祇是就建築物的整體與局部、局
部與局部之間的結構關係而言的，它與賴特的「有機建
築」的理論還是有著本質的區別的。

　古典建築完整的形象又是靜態力學的產物。建築的
穩定性是最基本的技術要求，古典建築都表現出這種完
美的靜力平衡。古希臘的神廟建築就明顯地受到了由靜
態力學提供的觀念的影響。柱頭、柱礎都是柱身合乎邏
輯的延伸，從而使得檐部的壓力自然地傳遞到石基上。
同時，柱子的高度、直徑、額枋的長寬度都呈合理的比
例關係，這不僅僅只是爲了表現一定的比例之美，同
時，也是力學結構平衡的需要。這裏，技術與藝術達到
高度完美的統一。

　古希臘建築完美的藝術表現，是以技術爲基礎的。
這一特點一直爲後來的西方建築的發展所承襲，從而使
得科學技術成爲西方建築藝術表現的重要基礎。以下，
我們就從西方建築藝術語言發展的角度來看一看科學技
術對西方建築藝術表現的影響。

二、 科學技術革命與西方建築藝術語言的發展

縱觀西方建築藝術的歷史發展，給人留下的一個強烈印象就是，西方建築藝術觀念的每一次變革，表現形式的每一次創新，都與一定的技術變革和進步有著緊密的關係。對比中國建築的歷史發展，這一特點就更加明顯了。中國建築藝術從宮殿建築開始，經自然景區宗教建築發展到園林建築，其中雖不能說完全沒有技術的發展和進步，但其更主要的發展動力則是人生哲學、宗教精神、倫理道德等社會觀念，而西方建築則相反，技術一直是其藝術表現的基礎。

首先，我們來看一看西方古代建築藝術的發展。我們把古希臘至十九世紀的西方建築稱之爲古代建築，從材料上來看，它主要是指石材建築，結構也主要是採用梁柱和拱券兩種體系。西方古代建築藝術表現的重要內容之一就是體現在內部空間上。從空間的觀念上來看，在歐幾里德幾何學和經典物理學的靜力觀念的影響下，西方建築對空間的理解主要還是停留在三度空間上，建築被視爲六面體。正是在這一觀念的支配下，大多數的西方古代建築的空間都是一種靜態的、並列的空間，彼此之間缺乏一種內在的有機聯繫，也就是說，它沒有過渡性和導向性。同樣地，古代建築的藝術語言明顯地受

到繪畫、雕刻藝術的影響，甚至直接借用它們的表現方式：如透視、比例、對稱、均衡、強調中軸線的作用等等。另一方面，從內部空間的發展來看，它也是以技術的發展爲前提的。西方建築內部空間觀念的形成就與建築從古希臘的梁柱結構發展爲古羅馬的拱券結構有著十分密切的關係，可以說，沒有羅馬人採用的拱券結構，也就很難形成大體量的連續的內部空間。羅馬人最早採用的是筒形拱和穹頂結構（如萬神廟），以厚重的連續牆承受拱礅屋蓋的水平推力，從而創造出梁柱體系結構所無法比擬的內部空間。但這種結構所形成的內部空間卻是形狀單一的封閉空間，還不能形成連續的內部空間，承重牆束縛了內部空間的藝術表現。因此，就必須改進拱券結構方式，擺脫承重牆，從而使內部空間的表現更爲自由。羅馬人在筒形拱和穹頂的基礎上，發明了十字拱，即在呈方形的四角各設一立柱，十字拱覆蓋其上，從而解決了巨大的水平力的靜力平衡，終於擺脫了承重牆的束縛，連續的內部空間得以形成。而哥德式建築則進一步改進了羅馬人的拱券結構，它在十字拱的基礎上採用了曲肋拱和尖拱來作爲建築的結構模式，曲肋拱起著承重骨架的作用，從而避免了羅馬式十字拱的結構本身的巨大重量，因此，支柱或拱扶礅的體量也可以減小了。更爲重要的是，曲肋拱的側推力與反推力之間的平衡，在羅馬人那裏，是在內部空間完成的，而在哥

德式建築中，則被移至內部空間之外兩側的外牆上，這
一重大的結構技術的改進，使得內部空間的表現也就更
爲自由、靈活。從拱券結構體系的不斷改進和完善的歷
史發展來看，實際上，正是由於技術的不斷發展，才使
得西方古代建築一步一步地克服石材本身固有的種種侷
限性，進而使藝術的表現也一步步地趨向自由。

　　其次，我們來看一看西方現代建築的發展。近代的
工業革命，使西方的社會生活發生了巨大的變化，同樣
地，對建築的發展也產生了巨大的推動力。首先它爲建
築提供了新的建築材料，新的鋼筋混凝土材料爲建築的
藝術表現提供了更大的自由，另一方面，科學技術的飛
速發展，也給建築產生了巨大的影響。義大利的建築理
論家布魯諾・賽維歸納的現代建築語言的七條基本原
則，可以說無不與現代科學技術的發展有著密切的關
係⑱。

　　現代科學技術的發展首先導致了西方對空間認識的
改變，在歐幾里德幾何學和經典物理學支配下，人們所
理解的空間都是靜態的三度空間，古代建築的藝術表現
也侷限於平面空間和立體空間內。隨著非歐幾何學和現
代物理學的產生，在人們的觀念中，空間再也不是靜態
的三度空間，時間與空間並不是分割的，而是緊密聯繫
在一起。於是，對現代建築具有突破性意義的四度空間
的觀念得以形成，建築藝術的空間表現也就發展到一個

新的階段，靜態的、並列的空間終於發展成為流動的、
滲透的空間，這也就是時—空一體化的現代建築的空間
觀。

　　現代建築的另一大變化是新型材料的不斷被採用。
近代建築的革命，就是以鐵的廣泛使用為標誌的，由於
鐵的強度大，費用低，以鐵製構件作為建築承重的主要
構架，比石材體積小卻更為堅固，從而也就進一步擴大
了內部空間，滿足了工業社會對寬敞的內部空間的要
求。由於鐵製構件的這些優點，很快就使它成為新建築
的重要材料，特別是抗壓、抗拉性能強的鋼筋混凝土材
料的採用，從而導致了整個建築藝術表現的變革。

　　建築結構的發展也對新的建築語言的形成產生了重
大的影響。十九世紀，人們開始把力學和數學結合起來
運用於建築的設計中，從而導致了結構力學的產生。這
些科學方法把隱藏在材料和結構內部的力的性質揭示出
來，使人們能夠預先計算出構件截面中將會產生的壓
力，從而能夠做出更為合理的設計。結構設計的這一進
步，標誌著建築從經驗走向科學的重要轉變。無疑這對
建築的藝術表現提供了一個堅實的基礎。

　　結構的另一發展表現在新結構體系的不斷產生。結
構科學的形成和新的建築材料的採用，成為新的建築結
構體系得以產生的物質基礎。在這一新的發展階段，產
生了具有重大意義的懸挑、薄殼和薄膜結構，這使得建

築無論在外觀造型和內部空間的表現上，都表現出一種
嶄新的建築藝術觀念。

正是由於科學技術的發展，導致了建築在觀念、材
料、結構上的新發展，相應地建築藝術的語言也得到了
新的發展，形成了以表現材料、結構特性等技術美爲特
徵的現代主義建築。可以說，現代主義同古代建築一
樣，在新技術的條件下，重新實現了技術與藝術的統
一⑲。

◈注釋◈

① 陳志華：《外國建築史》第29頁，中國建築工業出版
　社，1979年版。

② 這裏所說的中國文化的人本主義傾向，主要是指其不否
　定現實人生，不捨棄塵世歡樂，不追求彼岸的天國世
　界。它與強調個性解放，建立在所謂的自由、平等、博
　愛基礎上的西方近代人本主義傾向有著本質性的區別。

③④⑤ 楊衒之：〈洛陽伽藍記〉。

⑥ 宗白華：《美學散步》第59頁，上海人民出版社，1981
　年版。

⑦ 〈樂記・樂論〉。

⑧⑨ 高亨：《周易大傳今注》第311～312頁，齊魯書社，
　　1979年版。

⑩ 〈墨子・辭過〉。

⑪ 〈禮記・禮器第十〉。

⑫ 〈明史・與服志〉。

⑬ 轉引自陳志華：《外國建築史》第28頁，中國建築工業
　出版社，1979年版。

⑭ 轉引自［蘇］金斯塔科夫：《美學史綱》第40頁，上海譯
　文出版社，1986年第1版。

⑮ 轉引自［蘇］金斯塔科夫：《美學史綱》第96頁，上海譯

文出版社，1986年第1版。

⑯⑰　轉引自陳志華：《外國建築史》第121頁、第143頁，
　　　中國建築工業出版社，1979年版。

⑱　這七條原則是：1.功能原則；2.非對稱性和不協調性；3.
　　反古典的三度透視法；4.四度分解；5.懸挑、薄殼和薄
　　膜結構；6.時空一體；7.建築與景觀的組合。見賽維：
　　《現代建築語言》中國建築工業出版社，1986年版。

⑲　關於現代主義建築對技術美的表現，將在第八章中作更
　　爲詳細的表述。

第七章

～～～～～～～～～～～～～～～

建築美與藝術：雕刻、
音樂與詩歌、繪畫

　　建築作爲一門藝術，不可避免地要與其他形式的藝術發生一定的關係，相互之間產生影響。共同的藝術審美理想，在不同的藝術形態上又有著不同的表現形式，這一方面固然與藝術本身的語言手段有關係，另一方面也與不同的文化背景有關係。中國建築與西方建築雖然都要表現和諧美的藝術理想，但卻有著兩種不同的表現形式，應該說，這與兩種不同的藝術形態系統有關係。因此，有必要把建築作爲整個藝術系統中的一個環節來加以對待。這也就爲我們的中西建築美學的比較研究提供了一個新的視點，即從藝術形態學的角度來比較研究中西建築藝術。

第一節　建築的藝術形態學

一、　建築在藝術形態學中的地位

　　中國和西方有著兩種不同的藝術形態系統，因而，建築藝術在整個藝術形態中的地位也不一樣。

　　西方美學史上，較早把藝術形態加以系統而又完整

地研究的是德國古典美學家黑格爾和叔本華。有趣的
是，他們都把建築視爲藝術的初級形態，而把音樂視爲
藝術的高級形態。理由也大致相同，即認爲建築過多地
受到物質材料的制約，因而在表現心靈、觀念、情感、
意志等方面受到了較大的限制，是不自由的藝術。而音
樂藝術使用的是音響、節奏、旋律，它在表現心靈、情
感、意志時則享有充分的自由，因此也就自然成爲高級
形態的藝術。顯然，黑格爾和叔本華多少有點瞧不起建
築藝術。

　　如同我們在本書一開始就已指出的，建築並不是一
門純藝術，但它同工藝一樣，反映著人們如何從實用走
向審美的這一歷史發展過程，因而它在藝術和審美發生
學的研究上有著十分重要的意義；同時，建築和工藝又
反映著人們對生活普遍審美化的要求，也就是說，人們
不僅僅只是停留在對實用和功能的要求的滿足上，同時
還要求把審美與功能目的結合起來，從而更好地美化生
活；最後，建築藝術的表現手段也是處在不斷發展過程
中，科學技術的進步，使得建築藝術的表現正一步一步
地趨向更大的自由。例如，建築藝術在後現代主義藝術
中就占有十分突出的地位，就充分地說明了這一點。因
此，我們完全沒有理由來輕視建築藝術，它在藝術的殿
堂裏有著令人矚目的一席之地。

　　西方的美學家和藝術理論家在論及藝術形態學時，

總是把門類藝術的發展看作是一個從低級向高級形態演進的過程，它顯示爲這樣的邏輯系列：建築（含工藝）→雕刻→繪畫→文學→音樂。這種邏輯系列的根據在於藝術精神表現的自由度，也就是藝術的語言能否完整而充分地表現藝術家所希望表達的藝術精神。從西方藝術的歷史發展來看，這種劃分大體上與西方藝術史的進程相吻合。十九世紀末以前的西方藝術，以文藝復興爲界可以分爲兩個階段，第一個階段是空間藝術的鼎盛時期，也就是說空間藝術更典型地表現著時代的審美理想，具體表現爲古希臘羅馬時期的建築和雕刻，中世紀的建築、文藝復興時期的建築、繪畫和雕刻；而在十八和十九世紀，則是時間藝術的鼎盛時期，時間藝術更典型地表現著時代的審美理想，具體表現爲浪漫主義和批判現實主義的文學和以貝多芬爲代表的音樂藝術。各種門類藝術中最傑出的藝術大師的出現，也大體上與這一歷史線索相吻合。因此，在西方藝術形態系統中，建築藝術是一門初級形態的藝術，是空間藝術、靜態的造型藝術。

　　中國古代藝術雖有詩、畫、樂等形態之分，但卻沒有嚴格的形態學意義上的區別①。建築藝術並沒有在藝術的意義上被加以重視，而更多地是從政治、倫理道德以及功利的角度去看待建築。建築師也不能與詩人、畫家相提並論，至多也只不過是一般的工匠藝人而已。在

衆多的建築形式中，只有園林建築例外，由於文人士大夫的參與和認可，它被視爲與詩畫具有同等價值的藝術形式。

總之，無論在西方，還是在中國，建築是藝術形態學系統中的一個初級環節，這是不應成問題的。從藝術發生學的角度來看，在特定的藝術史階段，這種看法是有一定的道理的。但是，我們還要把藝術形態系統看作是一個動態的發展過程，因爲藝術門類都在變換著自己的內容和語言形式，藝術本身的發展，也勢必會影響到它在藝術形態學系統中的地位和性質，這樣一來，藝術形態系統本身也是處在不斷地發展變化之中的。建築在藝術史上曾經是初級環節，但這並不意味著它永遠只是初級環節，或者低級形式的藝術。建築藝術在表達內容和表達形式上的發展，將使得它在藝術系統中佔據著越來越重要的地位。可以說，當代藝術的發展變化，在一定的程度已顯示出這一新的發展趨勢。

二、　典型藝術對建築藝術的影響

在特定的歷史時期，一定的藝術理想或藝術精神總要找到一個充分的、典型的藝術形式作爲自己的代言人。也就是說，特定的審美理想總是比較完美地體現在某一藝術門類上。而這一門藝術，我們就把它稱之爲典

型藝術。例如，同是古代和諧美的藝術理想，在古希臘羅馬就充分地體現在雕刻藝術上，溫克爾曼就把古希臘雕刻藝術的特徵「單純的高貴、靜穆的偉大」視爲整個古代藝術的基本精神；而在文藝復興時期，這種和諧美理想又充分地體現在繪畫藝術上，產生了拉斐爾、達・文西這樣偉大的畫家。中國古代的和諧美理想，在先秦主要表現在音樂藝術上，而在秦漢時期則主要表現爲建築和漢賦，唐宋時期爲詩歌，宋元爲山水畫，明清則爲園林建築。雖然在特定的歷史時期，各種藝術形式都要受到時代的藝術理想的制約，都要表現共同的審美理想，但典型藝術顯然是處在決定性的重要地位。首先，它代表了特定時代的藝術成就，在衆多的藝術門類中，它的成就最爲突出；其次，典型藝術對其他藝術產生影響，藝術理想在其他藝術門類中的表現，明顯地要受到典型藝術的影響。例如，音樂藝術是西方浪漫主義藝術的典型藝術，因此，在這一特定的歷史時期內，其他藝術都向音樂藝術靠攏，像康定斯基的繪畫就明確地追求音樂的效果，繪畫成爲「視覺的音樂」也正是在這一藝術背景下，德國古典美學家才把建築稱之爲「凝固的音樂」。不難看出，這些口號之下所包含的浪漫主義精神。可以說在整個浪漫主義時期，音樂所表達的境界和效果，成爲其他形式的藝術所共同追求的目標。從這裏顯然可以看出，作爲一個動態發展的藝術形態系統，藝

術形式之間的相互影響是以典型藝術作爲中介環節才得
以實現的。

　　由於建築本身是一門實用與審美相結合的藝術，也
就是說它還不是一門「純」藝術。一方面，從西方建築
藝術史來看，人們對建築藝術獨特的藝術語言手段的認
識，到了十八世紀才可以說有了較爲明確的把握，這也
就意味著建築藝術的眞正成熟是較晚的；另一方面，由
於建築藝術的語言媒介手段較多地受到物質的、功能的
和技術的因素的制約，這就迫使建築藝術在表現一定的
藝術理想時，不得不去藉助於其他形式的藝術表現手
段，如雕刻、文學、繪畫、音樂等等。尤其是在早期的
建築藝術中，這一傾向就更爲明顯突出。因此，比起其
他藝術形式來，建築藝術受典型藝術的影響更大。

　　從西方建築藝術史來看，古代建築藝術一直沒有擺
脫典型藝術對它的影響，而建築對其他藝術的影響則不
大。文藝復興以前的西方建築，一直受到雕刻藝術的影
響，甚至在某種程度上可以說，建築是雕刻藝術的一種
特殊形式，建築藝術追求雕刻藝術的效果，直接借鑑雕
刻藝術的表現手法。文藝復興時期的繪畫也對西方建築
藝術產生了很大的影響。在整個古代社會、西方一直把
建築視爲與雕刻、繪畫相同的靜態造型藝術，這樣建築
雖然也被視爲空間藝術，但這時所謂的空間，也還只是
二度，或者三度空間形式，因此，建築不可避免地具有

繪畫性和雕刻性。這時的建築明顯地受到雕刻藝術的影響。而到了十八和十九世紀，由於音樂成爲近代浪漫藝術的典型藝術，建築又明顯地受到了音樂的影響。音樂是一種時間的藝術，是一種動態的藝術。在音樂藝術的影響下，建築也開始追求動態感，即把音樂藝術（時間藝術）所特有的韻律感以一種靜態的空間形式表現出來。建築的浪漫主義，也就是要衝破古典建築的靜態、秩序和結構布局，成爲一種動態的藝術。所謂「建築是凝固的音樂」也就是這一影響的反映。直到現代主義建築的興起，才使得西方建築藝術開始逐漸擺脫典型藝術的影響，探討建築藝術獨特的表現形式，而後現代主義建築則在後現代主義藝術中具有典型的意義，成爲影響其他藝術形式的典型藝術，而這在一定的程度上就意味著建築藝術開始以自己的獨立的表現形式成爲整個藝術系統中的重要一環。從上述的簡要分析中可以看出，由於雕刻和音樂是西方藝術史上具有典型意義的兩種藝術形式，而建築在相當長的時期內是一門不成熟的藝術形式，後者顯然受到了前兩者的影響。

中國建築雖然表現出對空間認識的深刻性和相當程度的成熟性，但這種認識還沒有形成系統的理論形式，而且建築的空間表現方法明顯地受到了其他藝術空間觀念的影響。從第四章的分析中，我們知道，不同於西方在藝術形態上有比較嚴格的區分，中國古人更願意強調

藝術形態之間的統一性而不是差異性，各種藝術形式統一在共同的審美理想的基礎上。由於這一特點，使得中國的各種形式的藝術在其基本精神和表現方式上又有著某種一致之處。但是，中國古代藝術理想又最充分地體現在中國的詩歌和繪畫藝術上，作為古代和諧美理想的典型藝術，它們對其他的藝術形式諸如小說、戲曲等產生了很大的影響。同樣地，建築藝術也不可避免地受到它們的影響。這種影響又典型地體現在園林建築上，可以說園林是詩的具象化，畫的立體化。建築與詩畫有著共同的藝術精神和表現形式。因此，不同於西方。中國建築較多地受到了詩歌與繪畫的影響。

第二節　中國建築與詩歌、繪畫

一、　中國建築的藝術精神

　　中國傳統文化是以禮樂相統一為特徵的，它表現為和諧。「和」是一種理想的大同社會的秩序，它是政治的、道德的、文化的、自然的，同時也是審美和藝術所

追求的最高境界，是世界一切存在的極致境界。對「和
諧」境界的感受，也就是最大的審美感受。在充滿無限
生氣的對象世界與主體心靈之間達到一種默契，也就是
主體心靈經過反覆體驗，突然有所領悟時，藝術和審美
得以產生。中國藝術的實質也就是對和諧的體驗、感
應，心靈與對象之間的親密無間，心與物化。這既是孔
子所描述的「浴乎沂，風乎舞雩，咏而歸」②的境界，
也是莊子所追求的「心與物遊」的境界。因此，在中國
藝術中，特別強調心靈的感應，也就是要通過反覆的心
理體驗，來達到一種無我、無私、無欲、無意識的物我
同一的境界。由此可見，中國藝術所追求的「和諧」境
界，不只是一種外在形式的和諧，而是主體心靈與對象
之間的和諧。

　　在中國的建築中，這種藝術精神也表現得十分突
出。中國建築強調中心線索，以時間爲線索來組織空間
的節奏變化，其實質也就是透過時間的延續來強化心靈
的感應。在這裏，審美不是像西方那樣，對繪畫和雕刻
作品的凝神觀照，而是在反覆的運動之中去體味時空變
化的玄妙，宇宙的神奇變化。無論是什麼類型的中國建
築，都體現了這一基本精神，甚至可以說，有些中國建
築，本身就是爲了使觀賞者更好地去體驗、把握對象而
特意營造的，景區建築中的亭、台、樓、閣等就是如
此。「若乃登高目極，臨水送歸，風動春朝，月明秋

夜，早雁初鶯，開花落葉，有來斯應，每不能自己也」
③，每當人們登上這些建築，自然界的各種變幻無窮的
美景盡收眼中，於是也就產生了心與物化的瞬間，也就
是審美體驗的高潮。在這一瞬間中，「前不見古人，後
不見來者」，無限的空間和無限的時間一齊凝聚在心
中，這個瞬間也就是一個永恆的「瞬間」。因此，中國
人在審美意義上所理解的瞬間，不是西方所理解的具有
宗教內涵的彼岸世界之永恆，而是心與物化的瞬間，恰
如莊子夢中化蝶，醒來不知莊周為蝶，還是蝶為莊周，
兩者渾然一體。「如果把永恆理解為不是無限的時間的
持續，而是理解為無時間性，則現在活著的人，就永恆
的活著④。」顯然，這種審美體驗的「永恆」不是無限
時間和無限空間延亙的永恒，而是「無時間」的永恒，
也就是說，這裏注重的不是客觀時間的綿延不斷，而是
連續時間中的一個又一個的「瞬間」。中國的園林建築
就充分地體現了這種藝術審美觀念。在園林建築中，連
續的路線上總會出現一個又一個的讓人駐足品賞、反覆
鑑賞的景觀，這也就是一個個的「永恆的瞬間」，在這
裏，流動的時間凝固了，主體與客體完全融化為一體。

　　透過心靈的體驗，使得主體與對象之間達到和諧統
一，這成為中國建築藝術的基本精神。在宮殿建築中，
這種和諧，是通過強調突出中心建築的有序規劃的形式
來表現的，在景區建築和園林建築中，則又是透過自然

景觀與建築的有機統一來表現的。不管其和諧的內容以及表現和諧的方式有什麼不同，但和諧則始終是中國建築藝術所要表達的主要精神。

二、 建築與工藝

作為藝術發展史上第一個環節的建築與工藝，其兩者之間的關係是十分密切的。

關於中國遠古時期的建築藝術，我們已經無法看到其歷史的本來面目。但中國古代的工藝品卻大量地保存下來。從出土的眾多中國古代青銅器和陶器，我們可以窺見中國古代工藝品的一般特徵，以及它們對建築藝術的影響。

我們知道，西方的古典主義造型藝術，往往比較講究造型的平穩、均衡、莊重以及典雅。所以，在構圖上較多地採用正三角形（梯形）或S形，如著名的希臘雕刻《擲鐵餅者》、《維納斯》等，就採用了S形的構圖方式，而埃及的金字塔、古希臘的《勞孔》雕刻的構圖就明顯地表現為正三角形。在西方古典造型藝術中，倒梯形或倒三角形的構圖方式並不多見，因為這種構圖方式給人的感覺是不安定的、頭重腳輕的，它象徵著動蕩、矛盾、衝突和焦慮不安。因此，這種構圖方式則較多地為浪漫主義造型藝術所採用，如席里柯的《梅杜薩

之筏》就典型地採用了倒三角形的構圖方式。

如果你曾去過北京故宮的古代藝術博物館，或者去過西安的半坡村遺址，或者參觀過碑林的古代藝術展覽，你一定會發現，中國古代的工藝——陶器和青銅器，如陶壺、陶盆、酒具等器皿，在造型的構圖上，大量地採用了倒三角形（梯形）的方式，即上部較寬大，而下部則較爲窄小。應該說，這種造型方式，不僅在審美效果上是不利的，而且在製作的工藝上也有較大的難度。但中國古代的工藝造型卻並沒有產生上述看來是必然具有的結果，相反地，它給人的感覺不僅僅是平穩的、莊重的，而且也是平緩的、柔和的，既沒有違反工藝的物質功能的基本要求，同時也符合古典藝術所具有的基本精神。同樣的構圖，在東西方卻有著不同的審美效果，根本原因就在於弧形線的巧妙運用，這也就是美學家們所歸納的，中國的藝術是以線的藝術和流動的藝術爲特徵的。我們可以從下面的兩個圖形的比較分析來說明這一原因：

顯然，**圖7-1**是典型的倒梯形構圖，上部明顯地大於下部，頂部的壓力也就明顯地大於底部的支撐力，所以，它給人的視覺效果是突兀的，不安全的。而**圖7-2**由於運用了弧形線，由上到下所產生的壓力，是通過一步步的緩衝過程而傳遞到底部的；而由下而上的支撐力，則是平緩上升的，從而形成了一種輕盈的飛動之

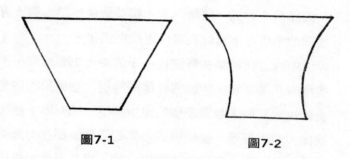

圖7-1　　　　　　　　圖7-2

勢，把由上而下的壓力轉化爲由下而上的升騰之力。這樣，力的方向不是自上而下，而是相反，是自下而上。於是，奇跡發生了，頭重腳輕的突兀而不穩定的視覺效果轉化爲柔和、穩實而又輕盈飛動。

　　中國古代工藝就是巧妙地運用了這一視覺原理，因此，其造型儘管上寬下窄，但避免了視覺上的不適。

　　建築藝術面臨著同樣的一個難題，即如何解決由上而下的壓力與由下而上的支撐力之間的平衡問題。叔本華甚至認爲這是建築藝術所要解決的唯一難題：「因爲建築藝術在審美方面唯一的題材實際上就是重力和固體性之間的鬥爭；以各種方式使這一鬥爭完善地、明晰地顯露出來就是建築藝術的課題⑤。」而這一難題在中國古代建築藝術中就更爲突出。因爲中國古代建築基本上是採用土木結構，防潮防雨就成爲建築設計時必須加以

重點考慮的因素。爲了達到這一目的，中國建築屋頂部分必然會比屋身的面積大，自然也就形成了中國建築的「大屋頂」形式。這樣一來，建築藝術中壓力與支撐力之間的矛盾在這裏就表現得更爲突出了。

　　中國古代建築在解決這一矛盾時，主要是從屋頂的造型方式著手的。中國古代建築特別注意屋頂的造型，由此也就形成了豐富多樣的屋頂造型，如廡殿、懸山、硬山、歇山等等。這些形式各異的造型，都在力圖克服由於上寬下窄而形成的不穩定之感。早在漢代，就創造了略微向上反曲的屋檐，到了晉代，則進一步發展成爲屋角的反翹。這種卷棚、飛檐的造型一直沿襲下來，成爲中國古代建築的一個重要特徵。這些卷棚、飛檐的運用，使得本來向下的重力變成了向上的升騰之力，如同青銅器和陶器的造型一樣，表現出一種飛動之勢，整個基調是平緩的、輕盈的。這裏充分地展現出中國藝術作爲線的藝術以及充滿流動感的基本精神。

　　屋頂的這種造型形式還爲塔、樓、亭等建築物所承用，從而使得飛檐成爲中國建築具有普遍意義的表現方法。

三、　詩、畫與園林共同的　美學精神

　　蘇軾有句名言：「詩畫本一律，天工共清新」，指

的是詩與畫有著共同的審美理想與類似的藝術表現手
法。其實，在中國古代藝術中，不僅僅是詩畫一律，而
且是詩、畫、園林三者一律，它們之間都有著共同的藝
術審美理想，在表現手法上彼此相互借鑑，多有一致之
處。人們通常以「詩情畫意」來形容園林藝術美，由此
不難看出詩畫對園林藝術產生的重大影響。實際上，園
林可謂詩之具象化，畫之立體化。西方造園亦講究要有
「詩人之情，畫家之眼」(poet's feelings and painter's
eyes)，可見，東西方都認為園林與詩畫有著密不可分
的關係，只不過是兩者所理解的詩畫的涵義不一樣，從
而也就形成了兩種不同風格的園林藝術。

1.詩之具象化

　　園林不可沒有詩。遊園時人們總會發現大量的楹
聯，匾額上都題有工整的詩句。而且，園中眾多景點的
命名，也極富詩意。許多景名就是直接從名篇佳句中點
化而成，典型的如：

　　頤和園的「知春亭」，取意於蘇軾的「春江水暖鴨
先知」；

　　拙政園的「與誰同坐軒」，取意於蘇軾的「與誰同
坐？明月清風我。」

　　留園的「留聽閣」，取意於李賀的「留得殘荷聽雨
聲」；

　　河北保定的蓮花池有一「濯錦亭」，取意於杜甫的

「濯錦江邊水滿園」；

　　拙政園的「遠香堂」取意於周敦頤〈愛蓮說〉的「香遠亦清」；

　　網師園的「小山叢桂軒」，則取意於庾信〈枯樹賦〉的「小山則叢桂留人」；

　　……

　　中國古典詩詞本來就講究情景交融，景語亦情語。在園林景觀中，直接以名詩佳句為景名，自然會具有畫龍點睛的作用，從而真正做到景傳詩情，詩情亦得以具象化，景觀的內涵也就更加豐富了。遊人至此，眼觀美景，口吟佳句，也就會引發出更為廣泛的聯想，獲得更為深厚的美感享受。這種詩意化的景名，使得詩與景、園與文結合起來，可謂中國園林的一大藝術特色。即使有些景點的題名不一定來自名篇佳句，但也同樣有著詩意化的韻味，恰如《紅樓夢》十七回中賈政所言：「偌大景致，若干亭榭，無字標題，也覺寥落無趣，任是花柳山色，也不能生色」。如西湖景點的景名就頗有詩味：「蘇堤春曉」、「三潭印月」、「花港觀魚」、「柳浪聞鶯」……類似的景名在中國園林中隨處可見，比比皆是。這些景名不僅僅表現了景觀本身的特點，同時又頗具雅趣，意蘊深遠，很是值得品鑑玩味。

　　園林與詩的關係更主要地表現在兩者的立意和表現手法上的一致。關於園林的這一特點，古今學人都有所

論述：

　　李漁在其〈閑情偶寄〉中就有這樣的一段文字：

　　　　山之小者易工，大者難收。于遨遊一生，遍覽
　　名園，從未見過有盈滿纍丈之山，能無補綴穿鑿之
　　痕，遙望與眞山無異者。猶之文章一道，結構全體
　　難，敷陳零段易。唐宋諸大家之文，全以氣魄勝
　　人，不必句櫛字篦，一望而知爲名作，以其先有成
　　局，而後有修飾詞華，故粗覽細觀同一致也。若夫
　　間架未立，才自筆生，由前幅而生中幅，由中幅而
　　生後幅，是謂以文作文，亦是水到渠成之妙境，然
　　但可近視，不耐遠觀。……書畫之理亦然。（《居
　　室部》）

清代錢泳亦有類似的看法：

　　　　造園如作詩文，必使曲折有法，前後呼應，最
　　忌堆砌，最忌錯雜，方稱佳構⑥。

　　今人陳從周先生則從兩者之間淵源關係的角度
指出：

　　　　從南北朝以後，士大夫寄情山水，嘯傲烟霞，

避囂煩，寄情賞，既見之於行動，又出之以詩文。
園林之築，應時而生，繼以隋唐、兩宋之後，直至
明清，皆一脈相承。……故園之築出於文思，園之
存賴文以傳，相輔相承，互爲促進，園實文，文實
園，兩者無二也⑦。

園林與詩文之所以有如此緊密的關係，其根本原因在於
中國古典美學中關於情與景關係的見解。在中國古典美
學看來，人的審美情感的產生，是來源於自然界的萬物
的變化的，「物色之動，心亦搖焉」，也就是所謂的
「情以物遷」⑧，反過來，審美情感的表現，又必須藉
助於對自然景觀的描述，即所謂的「借彼物理，抒我心
胸」⑨。於是，在自然山水與詩文所表現出的情感內容
之間就會很自然地形成一種對應關係，山水亦是詩，詩
亦是山水。李漁在遍遊「海內名山大川」之後，不禁嘆
道，「造物非他，乃古今第一才人也」，⑩造物主藝術
才能的表現就是山水，山水本身就是藝術作品，於是，
黃山谷才會感嘆：「天下淸景，不擇賢愚與之，然吾特
疑端爲我輩設⑪。」因此，「情景名爲二，而實不可離」
⑫，自然山水本身就是詩人情感意志的表現。於是，在
園林中「一花一石，位置得宜，主人神情已見⑬。」

　　正是由於在詩歌藝術中，情景合二爲一，這就使得
園林在置景時很自然地從詩文中獲得啓發，有的景點則

是直接地把名篇佳句中所描述的美景以具體的物質材料
再現出來。例如拙政園中的「聽雨軒」就是典型的一
例。「聽雨軒」是園中的一個小院，而在院落的一角則
有一潭清水，水旁幾叢芭蕉，如遇上雨天，人在院中，
細聽雨打芭蕉聲，就會更加體味到環境之幽靜、深遠。
這就很容易使人想到李義山的名句：「留得殘荷聽雨
聲」，只不過是由荷葉變成了芭蕉而已；同時，它還使
人體會到「蟬噪林愈靜，鳥鳴山更幽」的意境。至於杜
甫的名句「窗含西嶺千秋雪，門泊東吳萬里船」，這裏
所提到的巧妙的窗借和門借，則更是廣泛地運用於園林
的借景藝術中。

　　有的景觀則甚至成爲某種情感意義的直接表徵。如
水多與漁隱之意聯繫在一起，松、梅、竹則成爲清高、
孤芳自賞、高風亮節的象徵等等，這些景觀出現在園林
中，雖然用不著用詩句去點化，其內涵也是十分明顯
的。

　　園林在結構、空間布局上也深受詩詞的影響。如頤
和園的萬壽山後湖，有水居村、蘇州水街等，沿水濱兩
岸，有茶樓酒肆、歌船畫舫以及隱約在山後的寶塔寺，
每當入夜時，不僅有水街之繁華的喧鬧，而且又有「夜
半鐘聲到客船」的深幽、靜謐。再例如蘇州的留園，就
採用了空間大小不同以及明暗、開合、高低參差的對
比，使佔地不大的園林卻層次分明，深得「曲徑通幽」

之妙。當人們入園經過一段狹窄的曲廊、小院時，視覺
爲之收斂，到達古木交柯一帶，空間略爲擴大，而經過
這一段小空間繞至綠蔭軒，卻感到豁然開朗，山池景物
顯得格外明亮，空間也顯得格外開闊。眞是於「山重水
復疑無路」之時，又覺「柳暗花明又一村」之妙。

2.畫之立體化

宋代郭熙在〈林泉高致〉中指出，欣賞山水畫是
「不下堂筵，坐窮泉壑」，而計成在《園冶》中則明確
地指出，遊園是「擬入畫中行」。這就淸楚地表明了兩
者之間的關係：園林是畫的立體化。

在中國歷史上，許多造園大師同時又是繪畫大師，
如唐代的王維，宋代的兪澂，元代的倪瓚，明代的計
成、石濤、米萬鐘，淸代的張璉、張然等。計成在〈園
冶・自序〉稱自己「少以繪名，性好搜奇，最喜關同、
荆浩筆意，每宗之」，阮大鍼稱他「無否人最質直，臆
絕靈奇，儂氣客習，對之而畫。所爲詩畫，甚如其
人」。可見，計成不僅有著豐富的造園經驗，同時，又
有著深厚的詩歌繪畫藝術修養。

首先，園林與繪畫都表現著一種共同的山林之趣。
宋元山水畫表現的是幽遠的重山，寒江暮雪，庭院林
泉，相傳宋人宋迪曾創造過山水畫的八大主題，即：平
沙落雁、遠浦歸帆、山市晴嵐、江山暮雪、洞庭秋月、
瀟湘夜雨、烟市晚鐘、漁村落照⑭。十分明顯，山水畫

所追求的審美理想與我們所講的園林的審美理想是完全一致的，它們是同一審美理想的產物，只不過是兩種不同的藝術形態而已。

其次，我們再來看看兩者的藝術表現手法。兩者在表現自然山水時，都不是摹仿、再現自然界的名山大川，而是注重寫意，也就是要表現山水的精神、氣勢和神韻。在這一基本原則的支配下，中國繪畫不限於此時此地的「目接」，而是注重總體氣勢和精神的把握，於是也就形成了超越客觀時空侷限的散點透視。不同西畫的焦點透視，總是從一個固定的視點來描繪對象，中國的山水畫則是移動的視點，隨著視點的移動，在同一畫面上展現對象的精神全貌。中國的園林實際上也是一種游動的視點，循徑遊園，也就是視點的不斷轉換。如果說繪畫是平面上來展現山水之趣的，那麼，園林則是在立體空間上來展現山水之趣的。園林是動態的畫，同時，在這動態的過程中，又不時地安排一些值得反覆品味的靜態畫面，這也就是園林中的對景，即用門窗、漏窗等來框景，形成一幅幅很有意味的靜景畫。

要在畫面上表現出山水的氣勢和精神全貌，是有相當難度的。中國山水畫在長期的歷史發展中，形成了一套獨特的表現方法，特別是手卷山水畫，把自然山水的宏大結構、千變萬化表現得淋漓盡致。「例如五代、北宋間董源的《夏山圖卷》，上部烟靄籠罩，崇山連綿，

中間沙岸逶迤，谿水縈回，近處密樹繁陰，微露蹊徑，
田頭、屋畔點綴著耕作、放牧諸景。全卷佈置茂密，下
筆凝重，濃郁中有蒼渾之致，由卷首看到卷尾，貫串著
『夏山如滴』之感，……再如南宋夏圭的《溪山清遠圖
卷》，掌握了大自然疏、密、夷、險、平淡、突兀之間
相互生發的規律，透過想像和形象思維，寫入卷中，溶
鑄為山水的藝術典型⑮。」這也就是中國繪畫創作所要
求的「傳神寫照」。

　　同樣地，要在一定的面積範圍內表現自然山水之
趣，亦非易事。造園家們巧妙地借用了畫家的表現手
法，並不刻意地摹擬對象，而是注重對象的內在氣勢、
神貌的把握。中國歷代園論中關於叠山理水的經驗之談
不算少，但其根本的一項就是要傳山水之神，做到山不
高而有峯巒起伏，水不深而有汪洋之感。具體來說，也
就是通過巧妙的總體布局安排，以重現自然山水之結
構，「宜掩者掩之，宜屏者屏之，宜敞者敞之，宜隔者
隔之，宜分者分之。大中見小、小中見大、虛中有實、
實中有虛，或藏或露，或淺或深」，總之，即要把握大
自然「疏、密、夷、險、平淡、突兀之間相互生發的規
律」，這才是自然山水之「神」，自然山水之「趣」。

　　實際上，「詩畫本一律」，兩者在藝術精神和藝術
表現上都對園林藝術的創造產生了極大的影響。園林吸
收了詩畫創作的手法，同時，又是一種再創造。詩和畫

或訴之視覺，或訴之於聽覺，而園林，則調動了人的全部審美感官，視覺、嗅覺、聽覺、觸覺，在這裏都能發揮其審美功能，從而使人獲得一種全面的審美感受。因此，可以說，園林是詩之具象化，畫之立體化，同時，它又是一種新的藝術形態，新的審美對象。

第三節　西方建築與雕刻、音樂

一、　建築與雕刻──古典主義的和諧美

建築與雕刻有許多共同的特徵：它們都採用共同的材料，金屬、石、木等，同時在西方藝術史上，又都表現為三度空間的形體。這就使得建築與雕刻結下了不解之緣。無論是在西方，還是在東方，早期的建築總是與雕刻緊密相聯的，古希臘的神廟，埃及的金字塔，古代印度的建築等，無不表現出這一特點。中國古代建築也少不了雕刻，宮殿建築中的龍鳳圖案、園林建築中的假山等，都展現出雕刻的美。只不過是在西方，雕刻藝術不僅僅祇是作爲一種裝飾品而出現的（在中國古代建築

中，雕刻祇是作為裝飾品，或者作為建築環境藝術組成部分出現的），同時，它還強化了建築藝術的表現力，對建築藝術的空間表現、立面構圖都產生了很大的影響。

黑格爾在其藝術史的理論中把雕刻藝術視為古典藝術的理想形式，認為雕刻充分地表現了古典藝術的理想，達到了內容與形式的完美統一。的確，當人們討論到西方古代藝術時，不能不首先想到古希臘的雕刻，「單純的高貴，靜穆的偉大」，古希臘的雕刻藝術顯示出高度完美的和諧，使得它成為整個古希臘藝術成就的傑出代表，同時，又由於雕刻與建築有著不解之緣，因此，雕刻藝術對整個西方古代建築藝術產生了深遠的影響，這種影響一直持續到現代主義建築的興起。

1.雕刻作為建築的裝飾品

最早在建築中出現的雕刻，往往是作為裝飾品——一種外在的附屬部分而出現的。

我們知道，就傳達一定的意識、觀念而言，建築是遠不及雕刻的表現力強的，建築祇能表現某種抽象的情感，而不能表現具體明確的社會內容，而雕刻則不然，它以具體的形象來引起一定的情感反應，可以表達出明確的社會內容。因此，在早期的建築中，人們為了使建築物也能傳達一定的觀念意識，也就很自然地要藉助於雕刻藝術了。於是，建築與雕刻開始結合起來。這一點

尤其表現在早期的宗教建築上，神的形象、神話故事被刻在建築物的牆面上，或者直接立在建築物內。如古希臘的神廟建築、埃及的金字塔等，早期的宗教建築，幾乎無一例外地是憑藉雕刻來表達一定的宗教意識的。此外，在宮殿、官邸、劇院等大型建築中，也較多地採用雕刻作爲象徵，以便使這些建築與一般性的建築區別開來。在這裏，雕刻還只是某種觀念的象徵，還不能與建築物構成有機的整體。

雕刻在早期的建築中更多地是作爲裝飾品出現的。在非宗教性建築中，各種形式的雕刻，如浮雕、圓雕等，都是爲了強化建築的構圖效果，美化室內空間或者建築環境而創造的。例如，建築中的各種幾何形圖案、動植物形象、神話故事等。

可以說，雕刻作爲建築的主要裝飾形式，在西方建築藝術中長期佔據著重要地位。直到現代主義建築興起，在一片反對裝飾的呼聲中，雕刻作爲建築的裝飾，終於被建築自身的質料感、結構、幾何體的直接表現所取代。

裝飾性的雕刻在建築中，可以說還是外在於建築藝術的表現手段的形式。因爲這種雕刻，它還只是作爲建築類型的標誌，要麼是某種意識觀念的象徵，要麼是單純的裝飾品，這些都還是建築的附屬物，是人工的、外加的，它還不能與建築的藝術表現手段有機地結合在一

起，成爲建築藝術表現的一種有機構成。祇有當雕刻爲
建築的空間表現服務時，雕刻才與建築融爲一體。這才
是雕刻與建築更深層次的結合。

2.雕刻與建築的空間

　　在西方建築藝術中，雕刻對建築藝術的影響主要表
現在兩個方面，一是把雕刻藝術直接運用於建築藝術當
中，使之成爲建築藝術表現的一個組成部分，從而強化
建築的空間感和構圖的造型性；二是在藝術觀念和表現
形式兩方面，雕刻對建築都產生了深刻的影響。兩者之
間這種深層次的結合，可謂西方建築的一大特色。

　　首先，把雕刻運用於建築的外觀形體上，從而強化
其立面構圖的造型性。古希臘建築中的雕刻大多都是這
種類型。古希臘建築比較注重建築的立體造型效果，而
不太注重內部空間的形式。因而，在建築的外表，大量
地運用了雕刻作爲裝飾。其最單純的形式就是多立克或
愛奧尼克柱式柱身上的凹槽，這種最簡單的雕刻形式無
疑強化了建築的立面構圖的視覺效果，使本來「笨重」
的石塊也變得輕巧起來。而有的石柱則乾脆採用了人
像。古希臘建築對雕刻藝術的運用，無疑使得梁柱結構
達到了相當完美的高度，以至於這種結合著雕刻藝術的
梁柱形式成爲後來的建築師們所崇尚的形式。我們看
到，在古羅馬之後，尤其是文藝復興之後的西方的一些
建築中，這種梁柱形式儘管不起什麼承重作用，也就是

說沒有任何功能，但仍然作爲一種裝飾形式出現在新的
結構體系的建築中。顯然，古典建築中的這種立面構圖
形式給當時的人們留下了難以磨滅的記憶。此外，雕刻
藝術還可以強化建築的空間感，特別是在室內空間，雕
刻藝術的巧妙運用，可以增強建築藝術的空間表現力。
例如，在哥德式教堂建築中，其中心是祭壇，祭壇上基
督受難的雕像則成爲整個集中式空間的高潮，全部的空
間處理就是爲這一高潮服務的。另一方面，雕刻還可以
使內部空間形成適當的尺度，因爲西方的建築性雕刻作
品多是採用人體雕像，這就很容易使人聯想到人們所習
慣的比例和尺度，從而可以形成適當的空間尺度感。例
如，在彼得大教堂內的巨大的「小天使」雕像，雖然絕
對體量較大，但仍使人感到是孩子的體型，因此，也就
使得整個教堂的內部空間的比例和尺度都有所降低。

　　其次，雕刻對建築美的觀念和表現形式也產生了巨
大的影響。可以說，從作品上可以看出，在古希臘人藝
術美的觀念中，雕刻和建築幾乎沒有什麼區別。他們以
處理雕刻藝術的方式來處理建築藝術，雕刻藝術美的觀
念也就是建築藝術美的觀念。在古希臘人美的觀念中，
人體的完善是最高形式的美，人體的比例是最完美的比
例，是宇宙間所有的事物都必須共同遵循的規則，這種
規則也就是數的比例關係，它是可以用數學的方式來加
以表示的。因此，古希臘的雕刻是完善的人體美的表

現，人體的和諧美在這裏得到了最充分的展示。同樣
地，古希臘人把人體美的觀念也賦予到他們的建築藝術
之中，建築藝術美也同樣表現出高度完善的人體和諧
美。可以說，古希臘神廟建築的柱式以及梁柱結構是一
種高度概括化了的、抽象化了的人體美的表現，而不僅
僅是雕刻和建築都遵循了的共同的人體比例關係——黃
金分割律。於是也就有了把多立克柱式喻之為男性之
美，愛奧尼克柱式喻之為女性美之說。因此，「柱式之
美，就是一種雕塑美」，⑯實際上也就是人體的美。在
這裏，建築、雕刻和人體都有著共同的結構方式和比例
關係。

　　在藝術處理上，建築師也是以雕刻的方式來處理建
築藝術的。西方建築史上，許多建築師同時也是雕刻
家，著名的如古希臘的費地和文藝復興時的米開朗基
羅。在古希臘的神廟建築中，很顯然，人們不太注重內
部空間的藝術形式，而在建築的外觀形象上展示其藝術
才能。雕刻的尺度、比例、結構在建築的外觀上都有不
同程度的表現。而從古羅馬建築開始，雕刻就不僅僅是
出現在外觀造型上，同時還出現在建築的內部空間，從
而使得建築成為雕刻的世界。例如，米開朗基羅就是典
型的代表。他的代表作佛羅倫薩的美狄奇家廟和勞倫齊
阿納圖書館「都是室內建築，卻用了建築的外立面處理
法，壁柱、龕、山花、線腳等起伏很大。突出垂直分

劃。強烈的光影和體積變化，使它們具有緊張的力量和動態。家廟裏的大小壁柱自由組合，圖書館前廳裏的壁柱嵌到牆面裏去，並且支撐在渦卷上，……他用建築像雕刻一樣表現他不安的激情……」⑰這裏的處理方式是否成功、恰當，姑且不論，但建築師在這裏，無論是在其觀念上，還是在表現形式上，都明顯地受到了雕刻藝術的影響，這一點，則是確定無疑的。這種用處理雕刻作品的方式來處理建築藝術的方法，在以後的巴洛克和洛可可藝術當中均有不同程度的表現。

應該說，建築與雕刻在藝術的觀念和表現上的一致性，是時代審美理想、建築材料和結構技術的共同結果，同時，它也表明，西方古代建築在藝術上的不成熟性，也就是說，它還沒有形成自己的藝術語言系統。直到新的建築材料的出現和大量使用，西方建築才逐漸從雕刻藝術觀念的束縛下解放出來。新建築表現出新的空間藝術的觀念，在表現形式上，也擺脫了繁複的雕刻性的裝飾，建築終於找到了自己的藝術表現的手段，這也就是表現空間、材料和結構的技術美。

二、　凝固的音樂──浪漫主義的傾向

儘管早在古希臘羅馬時期，畢達哥拉斯、維特魯威等人就討論過建築與音樂藝術的關係，但他們還只是從

比例的角度，實際上也就是空間形式的角度來討論的。
「建築是凝固的音樂」──德國古典美學家們幾乎都有
類似的說法──這一口號則不然，它是把建築藝術視爲
音樂藝術的一種特殊表現形式，或者說，它是要求視覺
藝術具有聽覺藝術的效果，時間藝術要向空間藝術滲
透，從而把兩者聯繫起來，並且上升到藝術哲學的高
度。從此，在古典時期的時間藝術與空間藝術之間的嚴
格區別，再也不是那麼界限鮮明了。藝術形態之間的相
互影響、滲透，再也不侷限於空間藝術之內了（如繪
畫、雕刻、建築等之間相互影響、滲透），而是在更大
範圍內的相互滲透了。而這正是浪漫主義精神在藝術形
態中的體現，也正是因爲這一原因，我們把「建築是凝
固的音樂」這一口號視爲浪漫主義精神在建築藝術中的
體現。

1.浪漫主義以音樂爲中心的藝術一體化的理想

　　雖然古希臘的畢達哥拉斯學派試圖在數的基礎上把
建築與音樂藝術統一起來，但這兩種藝術形式之間還沒
有產生深刻的相互影響，維特魯威的有關論述也影響不
大。而德國古典美學家「建築是凝固的音樂」這一口號
卻產生了極大的影響，這不能不說是與西方藝術的審美
理想發展有關係。

　　十九世紀，隨著資本主義工業文明的歷史發展，西
方出現了浪漫主義的藝術思潮，這種新的藝術審美理想

與古典主義審美理想恰好形成了鮮明的對比。古典主義是寧靜的、優美和諧的，而浪漫主義則是激蕩的、衝突對立的，它以崇高爲特徵。顯然，古典主義藝術是靜態的表現形式，而浪漫主義藝術則是動態的表現形式，所以，前者宜於用空間藝術來加以表達，而後者則更宜於用時間藝術來加以表達。可以說，時間藝術在一定程度上比空間藝術在表現方式上更爲自由，更適宜於主觀情感意志的抒發。因此，新的審美理想，以時間藝術作爲自己典型的藝術形式，從而也就使得小說和音樂藝術的發展達到了高潮。

這一情形反映在藝術、美學理論上，就出現了對時間藝術的推崇。萊辛的《勞孔》是始作俑者。他把詩與畫加以區別，這種區別就不單純是一種藝術形態的區別，同時也是藝術的審美理想的區別，是古典主義與浪漫主義的區別，更何況萊辛在《勞孔》中明顯地推崇時間藝術。而在此後的藝術、美學理論中，就不祇是簡單地推崇時間藝術了，而是要求空間藝術也具有時間藝術的效果，在時間藝術的基礎上把時間藝術和空間藝術統一起來。於是，在西方藝術思潮中，就出現了以音樂藝術爲中心的、藝術一體化的理想。恰如保羅・亨利・朗格指出的：

　　赫爾德開創了渴望綜合藝術的世紀，瓦格納實

現了他的願望，結束了這個世紀。的確，浪漫主義
是全神貫注在這把一切藝術融合起來的意念之中
的。浪漫主義的詩人畫畫，它的畫家做音樂，而它
的音樂家畫畫並寫戲劇。浪漫主義畫家的巨大歷史
畫卷需要文學的闡明，而且相應地，壁畫和建築混
爲一體。在前拉斐爾派，音樂和詩幾乎是不可分割
地結合在一起的⑱。

需要補充說明的是，這位學者沒有指出這種藝術一體化
的理想是以音樂爲中心的。浪漫主義者認爲只有音樂才
能夠充分地表現他們藝術的審美理想。黑格爾在《美學》
中把音樂視爲藝術發展的極致，它是浪漫型藝術的典型
形態。叔本華、尼采也極其推崇音樂藝術，認爲音樂是
一切藝術的最高形式，尼采甚至認爲悲劇就是來源於音
樂精神。音樂成爲浪漫主義的旗幟，其他的藝術都必須
具有音樂藝術的效果。因此，瓦肯德羅說：「音樂是諸
種藝術的藝術，因爲它能夠把人心靈的感情從人世的渾
沌之中超脫出來⑲。」也正是在這一藝術思潮的背景
上，才出現了康定斯基的所謂「視覺的音樂」的繪畫創
作。「音樂的對象便是這個心靈的微妙與過敏的感覺，
渺茫而無限制的期望。」「音樂比別的藝術更宜於表現
飄浮不定的思想，沒有定形的夢，無目標無止境的慾
望，表現人的惶惶不安，又痛苦又壯烈的混亂的心情，

樣樣想要而又覺得一切無聊⑳。」因此，音樂成爲近代藝術審美理想的代名詞。在這一藝術和美學背景下提出的「建築是凝固的音樂」這一口號，無疑地是有著強烈的浪漫主義傾向的。

2.建築與音樂藝術的關係

　　古希臘的畢達哥拉斯學派深信世界上的萬事萬物儘管形態各異，但卻都遵循著共同的規則。這種規則也就是數的原則。建築和音樂最直接的相同點就在於，它們都是遵循著高低長短大小的比例關係。恰如黑格爾指出的：「音樂也較近於建築，因爲建築所採用的一些形狀不是來自現成事物而是來自精神創造的，它塑造這些形狀一部分是按照重力規律，一部分是按照對稱與和諧原則。音樂在它的領域裏所做的事也是如此，它一方面遵照以量的比例關係爲準而與情感表現無關的和聲規律，另一方面在拍子和節奏的迴旋上以及在對聲音本身的進一步發展上，也要大量運用整齊對稱的形式㉑。」

　　建築與音樂藝術的另一個共同點在於，它們都是直接情感的表現，不摹仿客觀對象，不表現確定的社會內容。它們兩者雖然一是最不自由的藝術，初級形態的藝術，另一個則是最自由的高級形態的藝術，但在這一點上它們卻有著共同的相似點。「音樂作爲地道的浪漫型藝術，也像建築一樣，缺乏古典型藝術所特有的那種內在意義與外在存在的統一㉒。」

　　「建築是凝固的音樂」這一頗具浪漫主義色彩的口號，其內涵卻不祇是以上的這兩個方面。它的更爲深刻的意義，也是其實質在於，要求建築藝術也要表現出浪漫主義的藝術理想，也就是近代崇高的藝術理想。

　　我們在第二章第二節中曾提到過這樣的問題，即建築由於其自身功能的要求，也就是說它畢竟更主要的是爲了創造一個人居的環境，因此，它不可能像其他形式的藝術一樣，充分地表現以不和諧的矛盾衝突爲特徵的近代審美理想。雖然在建築史上，也不乏這樣的作品。例如米開朗基羅的建築就像他的雕刻作品一樣，也表現出一種騷動不安的矛盾的情緒，巴洛克建築也有類似的特點，但這畢竟還不能成爲一種普遍的潮流，被廣泛地運用到各種類型的建築中去。也就是說，建築藝術對近代崇高的藝術審美理想的表現，是有其特殊性的一面的。

　　但是，近代崇高藝術的審美理想畢竟要不可避免地對建築藝術產生影響，音樂也必然要像滲透到其他藝術形式中一樣，滲透到建築藝術中去，這是藝術美學史發展的必然趨勢。由於建築藝術本身的特殊性，因而這種影響也是以一種特殊的方式表現出來的。這也就是時間因素向空間藝術的滲透，要求靜態的三度空間也具有運動性，於是就導致了西方建築藝術觀念中的一個重大變化，由單純地把建築視爲三度空間的藝術發展成爲把建

築視爲四度空間的藝術，建築藝術也就由靜態走向了動
態，由單一的三度空間走向了時空一體化，而這恰恰是
現代建築的一大特色。因此，「建築是凝固的音樂」不
應該只是簡單地界定爲建築的節奏感和韻律感，而是指
建築的空間變化由古典建築的靜態並列空間走向現代建
築的動態滲透性空間。因此，時空一體化的建築也可以
視之爲具有浪漫主義傾向的建築。

三、　雕刻、音樂與西方建築的空間藝術

　　尼采在《悲劇的誕生》中把西方藝術的發展歸結爲
二種藝術精神的交替發展，一是日神精神，它是以雕刻
等造型藝術爲自己的表現形式的；一是酒神精神，它是
以非造型的音樂藝術爲自己的表現形式的。所謂日神精
神，也就是「夢」境，它表現爲：「適度的克制，免受
強烈的刺激，造型之神的大智大慧的靜穆。他的眼睛按
照其來源必須是『炯如太陽』；即使當它憤激和怒視
時，仍然保持著美麗光輝的尊嚴㉓。」而酒神精神則是
「醉」境，「在酒神的魔力之下，不但人與人重新團結
了，而且疏遠、敵對、被奴役的大自然也重新慶祝她同
她的浪子人類和解的節日。大地自動地奉獻它的貢品，
危崖荒漠中的猛獸也馴良地前來。酒神的車輦滿載著百
卉花環，虎豹駕馭著它驅行。一個人若把貝多芬的《歡

樂頌》化作一幅圖畫，並且讓想像力繼續凝想數百萬人
顫慄著倒在灰塵裏的情景，他差不多體會到酒神狀態
了㉔。」這裏，尼采所講的酒神精神與日神精神，頗有
點類似於我們所講的古代藝術和近代藝術的區別。同樣
地，尼采也把雕刻和音樂視為這兩種藝術精神典型的藝
術表現形式，可見，雕刻和音樂在西方藝術史上的確佔
據著十分重要的地位，它們對建築藝術產生了兩種不同
的影響，於是也就形成了兩種不同的空間表現形式。

　　雕刻是典型地在三度空間內，以一定的形體來表現
一定的藝術審美理想的，而建築作為空間的藝術，它的
空間是多度的，它既可以表現二度的平面空間，也可以
表現三度的立體空間，還可以表現四度的時—空—體化
的空間。西方古代建築在雕刻藝術的影響下，明顯地表
現出三度立體空間的特徵。作為典型形式的希臘神廟建
築姑且不論，即使是在古羅馬創造的巨大且連續的內部
空間也擺脫不了這一特徵。在這裏，連續的內部空間是
以一種靜態的並列方式出現的，儘管它們彼此之間是流
通的，而且是有邏輯的排列，但彼此之間卻缺少內在的
有機聯繫，只是眾多的立體空間的排列，而不是彼此間
的相互滲透。建築性的空間與雕刻性的空間實際上沒有
什麼根本的差異。而浪漫主義運動的興起，它對藝術動
態化的普遍要求，必然也會使建築衝破古典建築的三度
空間的圍限，而把建築也視為一個動態的連續空間。建

築再也不是類似於油畫的透視平面，人們再也不能像欣賞油畫那樣從某一固定的視點去欣賞建築，而必須是移動的視點。建築的內部空間亦講究有機的聯繫，空間與空間之間呈動態的有機聯繫。建築藝術表現的內容由此也就更爲豐富了，語言也就更爲多樣化了。

總之，雕刻和音樂作爲兩種不同形式、不同精神的藝術代表，它們對建築藝術產生了兩種不同的影響，從而產生西方建築藝術發展的兩個不同階段。雕刻性的建築和音樂性的建築的區別，實質上也就是靜態的建築與動態的建築、古典的建築與現代的建築之間的區別。

第四節　建築與藝術美學史

本章的討論是立足於對藝術形態和藝術史關係的如下看法的：藝術史的發展是充分地體現了時代的審美理想發展的，而一定的審美理想在不同的民族、不同的歷史階段，總是最充分地體現在某一特定的藝術形式上，儘管其他藝術形式也表現著共同的審美理想，但在這一特定的藝術形式上卻表現得更爲充分。因此，不同形式的藝術之發展，雖然遵循著共同的歷史線索，但它的鼎

盛時期卻不同。一般說來，特定的歷史時期內，總有
一、二門藝術是處在其發展的頂峯時期。於是，在討論
了建築與其他藝術的關係之後，很自然地就要涉及到下
一問題：即把建築藝術放在藝術發展史的系列中，來考
察它在藝術美學史上的地位。

一、　藝術美學史沒有中斷

　　在討論到西方藝術史時，同思想家一樣，藝術史家
都習慣於把中世紀稱之爲「黑暗時期」，認爲中世紀由
於敎會反藝術的黑暗統治，藝術的發展被人爲地中斷
了，繪畫、雕刻、詩歌、戲劇等，由於敎會的嚴格禁
止，中世紀幾乎無藝術可言。西方藝術史在古希臘羅馬
時期達到頂峯，中世紀則是一個斷層，直到文藝復興，
重新弘揚了古希臘羅馬藝術的傳統，藝術史的發展才得
以延續。

　　同樣地，在討論到中國藝術史時，也存在著一個類
似的斷層：即秦代無藝術可言，一則由於秦朝歷史短
暫，二則由於秦王朝的暴政統治，藝術的發展也被迫中
斷了。於是在春秋戰國與漢魏之間形成了一個斷層。

　　果眞如此嗎？

　　其實不然。在這裏，藝術史的研究忽視了建築也是
藝術的一個組成部分。無論是在西方的中世紀，還是在

中國的秦代，當其他形式的藝術的發展處在停滯狀態時，恰恰是建築藝術獲得了長足的進步，取得了相當高的藝術成就，成為特定歷史時期的審美理想的表現者。中世紀的哥德式建築，直接啟發了文藝復興的建築，從藝術精神上來看，哥德式建築的矛盾、衝突、靈與肉之間的痛苦掙扎，明顯地影響到了米開朗基羅的藝術創造，無論是「最後的審判」，還是「被縛的奴隸」，這些作品都是表現了靈與肉之間的衝突和痛苦。秦代的宮殿建築無論是在規模上，還是在其藝術成就上，都是巨大的，〈史記‧秦始皇本紀〉稱「秦每破諸侯，寫放其宮室，作之咸陽北阪上。」可見其規模之盛，風格之多樣。正是由於秦代建築的繁榮，才可能使得「漢承秦制」，於是才可能出現漢代建築的繁榮。秦代宮殿建築對後世歷代的宮殿建築產生了不可忽視的影響。由此可見，時代的審美理想沒有中斷，藝術美學的歷史也就不可能中斷。

二、 建築與中國藝術美學史

在中國藝術美學史上，建築曾兩度成為時代審美理想典型的表現形式。第一次是在秦漢時代，秦漢宮殿建築和漢賦一起共同成為時代審美理想在藝術表現中的典型形式。

作為統一的封建帝國，秦始皇的軍事掠奪，漢武帝在「文景之治」基礎上的進一步的軍事擴張，使得秦漢王朝在政治、經濟、軍事上都具有強大的勢力。在這一強大勢力的支撐下，秦皇漢武顯示出空前的氣魄和雄才大略。再由於秦漢時期是中國封建社會發展的初期階段，封建社會顯示出其旺盛的生命力和對社會發展的推動力。這種時代精神必然會在藝術精神上有所體現，於是就形成了以壯美作為藝術的審美理想，以大為美，極力鋪排、誇飾，追求絢麗的色彩、恢宏的氣勢。這種審美理想首先體現在宮殿建築為主的各種類型的建築上，苑囿、陵墓、長城，無不是如此。

秦漢宮殿建築之盛，以至於成為「一代之文學」——漢賦所表現的一個重要對象。漢賦中主要作品的內容都是一些描寫「京殿苑獵，述行序志」㉕之作。其中，描寫宮殿建築以及皇家苑囿的作品占有相當大的份量，在蕭統的《文選》中就收有十餘篇。著名的有班固的〈兩都賦〉、張衡的〈西京賦〉等。這些作品對當時宮殿建築之盛的描寫，雖不可直接作為史料來加以對待，但其中也有不少內容與史書的記載和考古發掘的資料有相吻合之處。因此，從中還是可以了解到當時的建築史實的。更為重要的問題則在於，漢賦與秦漢宮殿建築表現了共同的藝術審美理想：以大為美，極力鋪排誇飾。關於秦漢宮殿建築，前文已有所描述；而關於漢賦，劉

勰在《文心雕龍》中有很好的總結：

> 枚乘菟園，舉要以會新；相如上林，繁類以成
> 艷；賈誼鵬鳥，致辨於情理；子淵洞簫，窮變於聲
> 貌；孟堅兩都，明絢以雅贍；張衡二京，迅發而宏
> 富；子雲甘泉，構深瑋之風；延壽靈光，含飛動之
> 勢㉖。

由此不難看出，秦漢宮殿建築與漢賦兩者都表現共同的
藝術精神，都是色彩絢麗，氣勢宏偉，規模宏大，共同
展示出一種「錯彩鏤金」的美。

　　建築第二次作爲典型藝術形式的出現是在明清時
期。可以說，明清的園林建築是中國建築藝術的典型代
表，同時，它還匯集了中國古典詩歌、繪畫的藝術成
就，從而成爲一種有著綜合性質的藝術形式。從某種意
義上講，它是詩的具象化，畫的立體化。因而，理所當
然地成爲古典美學理想而典型的藝術形態，是一門總結
形態的藝術。

　　首先，作爲一種特殊類型的建築，它繼承了中國古
典建築在時間序列上展開空間節奏變化的這一特點。整
個園林空間變化都是沿遊覽線這一中心線索鋪開的，但
園林建築的空間變化要比其他類型的中國古典建築的空
間複雜。就絕對空間來說，它並不比其他建築的空間範

圍大，但它透過時間的延長（即中心線索——遊覽線的
延長）而加大其空間變化。再者，園林還透過運用借
景、分景、隔景等手法（這實際上是增大了主觀時空的
變化），進一步豐富了空間的景觀變化，增大了園林的
空間範圍，使有限的絕對空間表現出無限的景觀變化。
比起宮殿建築和宗教建築來，它更能充分地體現出中國
古典建築不追求體量的宏大，不注重發展立面空間，而
側重於在平面中展示空間變化的這一藝術特點。因而，
它是中國古典建築藝術成就的傑出代表。

　　其次，作爲建築藝術，園林溶進了中國古典詩畫的
藝術成就。在這裏，也講究意境的創造，追求韻外之
旨，像外之像、景外之景，它有著詩的立意，詩的意
境，詩的想像，像詩一樣，表達著人們的主觀情感，抒
發心臆；另外，它又是畫，把天下之美景溶入一座並不
十分寬大的園子之內，因此，它比畫的容量更大，它與
中國畫一樣，也講主觀的心理時空，講究散點透視，採
用的是移動的視點。總之，它把詩與畫、空間與時間、
寫實與寫意、再現與表現高度完美地統一起來。

　　黑格爾在《美學》中把雕刻視爲古典型藝術的理想
形態。中國的古典美學不同於西方的古典美學，其歷史
發展持續了數千年，因而很難說哪一種藝術形態是最理
想、最典型的。但考察中國古典美學的歷史發展，我們
是否可以說，中國古典美學的理想形態，在先秦是音

樂，秦漢是宮殿建築和漢賦，唐宋是詩詞，宋元是山水
畫，明清則是綜合的園林藝術呢？

　　園林藝術不僅是古典美學的理想形態；同時，它也
是古典美學的最後一個理想形態。明清兩代，由於近代
資本主義萌芽的出現、啓蒙思想的興起，在美學思潮
上，開始衝破古典美學的和諧美的理想，而趨向於近代
的美學理想。從藝術上來看，出現了具有批判現實主義
色彩的《紅樓夢》、《儒林外史》等小說，戲曲上有了
洪昇的《長生殿》。其中，尤其是寶黛的愛情悲劇，已
經開始了人生悲劇意義的思考。這是古典愛情悲劇如梁
山伯與祝英台悲劇、劉蘭芝與焦仲卿悲劇（《孔雀東南
飛》）所無法比擬的。在繪畫領域，出現了石濤、揚州
八怪等一系列具有近代藝術色彩的畫家。而傳統的古典
詩歌，作爲古典美學的理想形態，此時實際上已成爲強
弩之末，失去了往昔特有的生機和表現力，代之以新興
的有近代色彩的小說、戲曲和繪畫。所以，唯有園林以
及戲曲（戲曲的發展比較複雜，如洪昇的《長生殿》則
具有近代色彩，而其主流則逐漸地演變成爲宮廷藝術）
成爲古典美學的理想形態。

　　但是，從另一個方面來看，園林發展到清代，畢竟
也開始受到了近代美學思想的影響。在計成的《園
冶》，以及清代其他的一些論述園林的言論中，就已經
有了某種萌芽。再者，園林中的山石，往往要「漏」、

「透」、「瘦」，有的甚至講究醜，這顯然與古典美學和諧美的理想出現了一定的偏離。

這樣，我們就不難理解，爲什麼到了明清兩代，園林藝術進一步成熟，而且很快地空前繁榮，並且是一種短暫的繁榮，它是古典美學理想邏輯發展的歷史必然產物。作爲綜合，它是各元素（建築、詩、畫等）充分發展的結果，也是古典美學理想夕陽西下的壯觀落日。

三、　哥德式教堂建築在西方藝術美學史上的意義

中世紀的審美理想由於受到基督教精神的影響，表現出相當大的矛盾性，它是崇高與和諧、痛苦與歡樂的交織。丹納在《藝術哲學》中對當時的這種普遍的社會心理有非常精彩的描述：

> 他們胡思亂想，流著眼淚，跪在地上，覺得單靠自己活不下去，老是在想像一些甜蜜、熱烈、無限溫柔的境界；興奮過度與沒有節制的頭腦只求發洩它的狂熱與奇妙的幻想……厭世的心態，幻想的傾向，經常的絕望，對溫情的飢渴，自然而然使人相信一種以世界爲苦海，以生活爲考驗，以醉心上帝爲無上幸福，以皈依上帝爲首要義務的宗教。無窮的恐怖與無窮的希望，烈焰飛騰和萬劫不復的地

獄的描寫，光明的天國與極樂世界的觀念，對於受
盡苦難或戰戰兢兢的心靈都是極好的養料㉗。

在現實世界與彼岸世界之間存在著巨大的鴻溝和深深的
矛盾，一方面是現實的無限深重的苦難，活著就是爲了
「贖罪」；另一方面，天堂世界又是那麼充滿了幸福和
歡樂，和諧美滿，極度的歡樂與極度的痛苦如此不和諧
地揉合在一起，這實質上是兩種不同審美理想的交織。
難怪鮑桑葵在其《美學史》中以爲近代美學的萌芽可以
上溯至中世紀㉘。

　　這種矛盾的審美意識在哥德式教堂建築中得到了最
充分的表現。哥德式教堂本身就是這種矛盾的審美意識
的產物。一方面，古希臘羅馬式的圓柱、圓拱、平穩的
橫梁不見了，再也不是在尋求壓力與支撐力之間的完美
靜態平衡了，那種樸素、典雅、莊重而又宜人的親切感
沒有了，代之以形狀更爲複雜的細肋拱，整個建築無處
不充滿著尖銳對立的矛盾：沉重的體量，宏大的空間，
一座教堂甚至要「開鑿整座山頭才能完成這個建
築」㉙，而在同時，它又使人強烈地感覺到，整個建築
似乎要拔地而起，直衝雲霄；從室內空間來看，縱向的
平直空間一直導向中心那神聖的祭壇，這又與導向無限
天空的垂直空間形成矛盾，在這裏，人們同時受到了兩
個力的方向的吸引；整個教堂的內外滿身都是琳琅滿

目、繁複的裝飾，給人的總體印象是那麼富麗、輕巧而
又怪異，一方面是龐大的體量，另一方面又是繁複細小
的裝飾，這種種矛盾的表現方式，都是爲了達到驚奇、
令人目眩心迷的效果。而這些不能不說是那種受到宗敎
毒素浸透的病態社會心理的表現，而這又直接啓發了巴
洛克和洛可可式風格的建築創造。這些特點，無疑是與
古典和諧美的趣味相左的。可是同時，這些有悖於古典
藝術精神的內容又是以古典藝術的某些基本形式來加以
表現的。哥德式建築同樣遵循著古典建築的比例、對
稱、勻衡的基本美學原則。顯然地，哥德式建築也表現
出兩種相矛盾的美學理想。這樣，我們就不難理解，哥
德爲什麼會對斯特拉斯堡敎堂產生如此矛盾的審美感受
了。

　　由於中世紀敎會在早期是反藝術的，而在其後期又
是利用藝術來宣揚宗敎，所以中世紀除了建築以外，其
他形式的藝術發展確是處在停滯的狀態。因此，中世紀
的審美意識最充分地體現在哥德式敎堂建築上，哥德式
建築成爲時代審美理想的典型藝術。沒有哥德式建築，
審美意識在中世紀的新發展也就不可能以物態化的形式
加以表現出來，也就不可能影響到後來的巴洛克、洛可
可式風格的建築。由此可見，哥德式建築在西方藝術美
學史上有著不可低估的意義。

◆注釋◆

① 中國古代藝術的形態學區別不如西方嚴密細緻。參見本
　書第四章第二節。

② 〈論語・先進〉。

③ 〈梁書・蕭子顯傳〉。

④ 維特根斯坦：《邏輯哲學論》第96頁，商務印書館，
　1962年第1版。

⑤ 叔本華：《作爲意志和表象的世界》第298頁，商務印
　書館，1982年版。

⑥ 錢泳：《履園叢話》。

⑦ 陳從周：〈中國詩文與中國園林藝術〉見《揚州師範學
　院學報》，1985年，第3期。

⑧ 劉勰：〈文心雕龍・物色〉。

⑨ 廖燕語：見《中國美學史資料選編》（下）第336頁，
　商務印書館，1980年版。

⑩ 轉引自《中國美學史資料選編》（下）第244頁，商務
　印書館，1980年版。

⑪ 轉引自王國維〈人間詞話・附錄5〉第109頁，齊魯書
　社，1986年第1版。

⑫ 王夫之：《薑齋詩話》卷二。

⑬ 李漁：〈閒情偶寄・居室部〉。

⑭ 見葛兆光：《禪宗與中國文化》，上海人民出版社，1987
年第1版

⑮ 伍蠡甫：《中國畫論研究》第229頁，北京大學出版
社，1983年第1版。

⑯ 陳志華：《建築藝術散論》，見《文藝研究》，1982年
第1期。

⑰ 陳志華：《外國建築史》第108頁，中國建築工業出版
社，1979年版。

⑱ [美]保羅‧亨利‧朗格：《十九世紀西方音樂文化史》
第3頁，人民音樂出版社，1982年版。

⑲ 轉引自《十九世紀西方音樂文化史》第16頁，人民音樂
出版社，1982年版。

⑳ 丹納：《藝術哲學》第63頁，人民文學出版社，1963年
版。

㉑ 黑格爾：《美學》第三卷上冊第335頁，商務印書館，
1979年版。

㉒ 黑格爾：《美學》第三卷上冊第334頁，商務印書館，
1979年版。

㉓㉔ 尼采：《悲劇的誕生》，見周國平譯本第4~6頁，三
聯書店，1986年第1版。

㉕㉖ 劉勰：〈文心雕龍‧詮賦〉。

㉗ 丹納：《藝術哲學》第450~451頁，人民文學出版社，
1963年版。

㉘ 參見鮑桑葵：《美學史》第六章、第八章，商務印書
館，1985年版。

㉙ 丹納：《藝術哲學》第51頁，人民文學出版社，1963年
版。

第八章

継承與創新——中國建築與西方現代、後現代派建築

　　中國建築在數千年的歷史發展過程中，無論是在材料上，還是在結構技術上，都只有技術和形式上的完善、改進，而沒有重大的革命性的突破，土木材料和梁柱結構爲主的建築方式一直沒有發生根本性的變革①。與此相反，特別是進入現代社會以來，西方建築發生了巨大的變化。工業革命，現代化的社會生產的發展，使得建築無論是在材料、結構技術上，還是在建築的藝術形式上，都有新的歷史性的突破，出現了具有代表性意義的現代主義和後現代主義建築。更爲重要的是，二十世紀的人類社會文化的發展，已進入到一個新的歷史發展階段，不同民族的文化都從各自的封閉狀態中走出來，與其他民族的文化發生碰撞、交流，從而在與不同的文化的相互交流和滲透中，使自身的發展獲得了新的血液。同樣地，作爲文化的一種表現形式，不同民族之間的建築進行相互交流、相互影響，也成爲歷史發展的新趨勢。而中國傳統建築的單一材料和單一的結構方式已遠遠落後於現代社會生活的需要。在新的特定歷史條件下，中國傳統建築面臨著一個十分迫切的問題：中國建築向何處發展？本章將結合西方現代派和後現代派建築從理論上作一些嘗試性的探討。

第一節 中國傳統建築的
斷層及其精華

一、 中國古代建築的斷層

在第六章中，我們曾討論過中國特有的文化觀念對建築技術發展的制約作用。中國建築長期以來未能突破單一的材料和單一的結構形式，這與中國社會形態的發展有著密切的關係。中國的封建社會有長達二千餘年的歷史，沒有產生西方式的近代工業革命，因而也就不可能對建築提出新的要求，以及提供為實現這些新的要求而相應的技術條件。同時，又由於傳統建築形式與已有的技術條件和特定的功能、文化要求之間達到了高度完美的統一，因此，作為特定歷史文化條件下的形式，中國建築已發展到了一種十分完善的高峰，已經不可能有更新的發展。同樣地，就特定的社會生活、文化、技術條件、建築材料和功能要求而言，傳統建築已達到了「高不可及的範本」的地步。因此，在園林建築的短暫繁榮之後，中國傳統建築的發展處在停滯的狀態。

　　實際上，中國傳統建築不僅僅只是處在停滯不前的狀態，同時，還面臨著新的挑戰。首先，在近代社會，伴隨著西方資本主義國家的軍事侵略，西方的工業文明和工業技術也開始進入中國，與此相隨的是西方的各種建築思潮、設計思想和新的建築材料也進入了中國，這就形成了對傳統建築的強大的衝擊波；再者，傳統的四合院式的建築已不能滿足今天現代化的工業生產和社會生活的需要，而新的建築材料和結構技術的運用，又爲建築的藝術表現提供了新的可能，它必須尋找新的藝術形式，而不必拘泥於傳統的藝術形式。這樣，傳統建築面臨著雙重挑戰。今天，傳統建築的形式雖然在農村，以及某些特定的場合被大量地沿襲下來，但這也只是一種承襲，基本上沒有什麼創新和發展；另一方面，在城市，在工業中心，大量地出現的是以新的材料、新的結構爲特徵的，有著西式風格的新型建築。因此不能不說，中國傳統建築處在斷層狀態。

　　在這一歷史時期內，也出現了一些建築師，試圖採用現代建築材料來表現傳統的建築形式，這就出現了傳統建築的「現代版」——這也就是在不少地方可以看到的以鋼筋水泥爲材料建成的，具有現代結構特徵的、然而卻又有著古代建築的某些形式特徵的（如大屋頂、飛檐、深遠的出椽等）作品。當然，這種以現代建築方式來進行「仿古」建築，在某些具有紀念意義的場合——

如旅遊勝地、歷史文化遺址等，可以使建築與當地的歷史文化風貌相一致，還是有著重要的文化價值和審美意義的。但是，它畢竟不可能成為建築發展的主導潮流，也不能代表一種發展趨勢。採用現代建築材料，而又沿襲傳統的藝術形式，這本身就有悖於建築藝術表現材料與形式相統一的要求，在這一點上，與西方近代建築史上，新的材料和結構方式仍沿用古典柱式的藝術表現一樣，是虛假的，這種形式是脫離於材料和結構本身的特點，因而也就是一種外在的、由外力強行賦予的，而不是一種自然表現。結果只能是不倫不類。因此，上述「現代版」的傳統建築，雖然就其嘗試把傳統與現代相結合的主觀意圖而言，顯示出了一種創新的努力，但總的來說，這種探討是不成功的。一方面，它對傳統建築的理解是片面的，只是看到了傳統建築的形式，而沒有意識到這種形式裏面所蘊含的設計思想，以及形式與材料、結構、文化、功能等諸多因素的統一，也就不可能真正地把握傳統建築的精華；另一方面，它又嚴重地忽視了新的建築材料必須有新的表現形式，忽視了材料本身的質感，忽視了新的結構包含的藝術創新的潛力，而一味地去沿用傳統的形式，也就難免有「削足適履」之嫌了。

縱觀中國建築的歷史，不能不說，在園林建築之後，尤其是在近百年歷史裏，中國傳統建築的發展處在

一個斷層上。這裏所講的「斷層」，並不是指「絕跡」或「死亡」，而是指沒有賦予其以新的活力，缺乏創新。特別是在都市中，各種具有現代主義風格的高樓大廈雨後春筍般地湧現，使得傳統建築正面臨著一步一步地走向消亡的危險，這也就更使人強烈地感覺到，中國傳統建築面臨著巨大的危機和挑戰。

二、 中國傳統建築的精華

「現代版」的傳統建築：一種試圖把傳統建築的形式與現代技術相結合的努力之所以失敗，一個重要的原因就在於他們沒有真正地理解傳統建築真正的精華之所在，沒有正確地理解傳統。實際上，傳統並不是一種固定了的表現形式，而是在這些形式之內所蘊含的那些至今仍有些生命活力的內在精神，傳統不是僵死的形式，而是有活力、有意義的內涵。具體到建築上來說，傳統並不等於四合院或者大屋頂、飛檐、斗拱等等，而是這些形式本身所包含的意蘊：也就是其設計思想和藝術精神。這才是傳統建築的精華之所在。這樣一來，所謂民族建築傳統的繼承和發揚，並不意味著對一些外在形式的承襲，而是某種內在精神的重新表現。充分地考慮到傳統建築中那些至今仍有意義、有活力的內在精神，同時又考慮到現代建築的藝術表現特性，然後再以現代建

築的形式把這些合理的傳統精神表現出來，這才是一種
旣尊重傳統又尊重現實的合理之舉，才是眞正的繼承和
弘揚了傳統，而不是單純地爲傳統的形式束縛了自己的
創造力。由此可見，繼承和發展民族建築傳統，首先要
加以解決的問題就是：什麼是民族建築的傳統？下面，
我們就結合前幾章的討論來加以初步的歸納：

第一，以人爲中心的設計思想

中國古代建築在其設計思想上，是以現實的人以及
人的活動爲設計的基本出發點，建築就是爲了創造一個
人居的環境。因此，中國建築總是那麼富於人情味。而
西方古代建築則是以神爲中心，追求大體量、大空間的
建築；現代主義過分誇張建築的「技術美」，認爲建築
是「居住的機器」，於是就形成了冷冰冰的、千篇一律
的盒子式的建築。現代主義的設計思想是以突出結構、
材料的美爲特徵的。顯然，以人爲中心的設計思想是中
國建築的一大特色。

以人爲中心，首先就是使建築有適度的體量和適度
的空間。超人尺度的體量和空間都會使人產生壓抑之
感，在這種建築環境內，只會使人感到自身的渺小，而
屈從於對象無限巨大的力量面前。也正是因爲這一點，
中國古代建築並不一味地追求巨大的體量和巨大的室內
空間，儘管中國古代已具備了創造這種大體量和大空間
建築的技術能力。

以人為中心，其次就是要創造一個富有人情味的居住環境。四合院式的布局巧妙地把建築空間與自然聯繫在一起，同時又為建築空間的交流和人們的情感交流提供了一個「共享空間」，空間的流通，實際上也是人們之間感情的流通，封閉的建築空間給人的感情交流形成了無形的障礙，也使人與人的交往增加了困難。再者，四合院式的布局方式，也使得建築與自然環境有機地結合起來，從而使得建築成為充滿生機的自然界的有機構成部分，這無疑也增加了建築的自然感和親切感。

第二，注重建築與建築之間、建築與自然環境之間的整體觀念

中國傳統文化十分注重整體的觀念，同樣地，中國的建築也十分注重整體的觀念。這種整體的觀念體現在兩個方面，一是建築與建築之間的有機統一，一是建築與自然環境的有機統一。我們知道，中國建築是以羣體性為特徵的，一般的四合院式民宅也是由幾座單體建築組合而成的，而大型的建築則又是由幾個四合院式的建築組合而成的，這樣，也就自然地涉及到如何把它們組織成為一個整體的問題。中國建築巧妙地利用中心線索，在平面空間上經營佈置，通過共享空間（如庭院）、過渡空間（如廊）等一系列手段，把建築的各內部空間、以及內部空間與外部空間聯結成為一個整體空間。

　　中國建築又是充分尊重自然的建築。建築本來是人類征服自然、改造自然的能力之象徵，是人類的驕傲。但征服自然與改造自然並不是意味著與自然的對立，更不是奴役、掠奪自然。從這一觀念出發，中國建築總是千方百計地使建築與自然構成一體。庭院空間就是典型的尊重自然和利用自然的表現：一方面，它彌補了有限的內部空間在功能上的侷限，使自然空間成為內部空間的自然延伸；另一方面，它又把建築與自然聯繫起來，使得建築不只是單純的人工的封閉空間。特別是在景區建築中，尊重自然和利用自然就表現得更為充分了。不動土方，不破石相，建築的布局、選址，因勢而定，靈活多變，從而使得自然山水與建築溶為一體，建築成為自然景觀的延伸。園林建築實際上也是自然與建築的結合，它充分地表達了中國古代對建築自然化的要求。因此，中國建築又是一種充滿了自然主義精神的建築。

第三，強調平面的設計安排，佈置經營，以時間為線索來組織空間

　　中國建築實際上是充滿了人本主義和自然主義精神的，為了體現這種精神，相應地在建築藝術的表現上，也就形成了一套獨特的表現方式，其中，最為突出的特點，就是強調平面空間的設計安排，以時間為線索來組織空間的變化。

　　要體現這種人本主義和自然主義的精神，最直接的

方法就是要求建築不能一味地去追求大體量和大面積的內部空間，但這樣，單體建築所形成的有限的內部空間又不能滿足功能上的需求，這就形成了一對矛盾。爲了解決這一矛盾，中國建築巧妙地把各種不同類型的、有著不同功能的單體建築組合在一起，共同形成了一個建築羣體。但是，這些單體建築又不能簡單地拼湊在一起，而要構成一個有序系列，時間成爲組織建築羣的中心線索。中國建築在其長期的歷史發展過程中，在這一方面累積了豐富的經驗，既有直線對稱式布局（四合院、宮殿建築），又有靈活多變、因勢而定的非對稱性布局（景區建築、園林建築）。

中國傳統建築的這三個基本特徵，在今天仍然有著其生命活力，它們是「活的傳統」，而且也應該在新的技術條件下加以充分體現。

另一方面，傳統建築中也存在著大量的與現代觀念、現代生活方式不相適應的東西，這些內容，我們把它稱之爲「死去的傳統」。具體來說，它包括：從精神上來看，建築中所體現的封建倫理道德觀念，園林建築中所體現出的放棄社會責任感，而一味在追求道德人格上的自我完善，在自然山水中來逃避社會、逃避責任，這些都是與現代生活觀念相悖的東西；從形式上來看，城市的布局組織與宮殿建築的嚴格的軸線對稱、條塊分割的方式，也不免過於機械呆板。更爲重要的是，傳統

建築的單一材料和單一的結構方式已遠不適應今天社會
生活的需要。新的材料和新的結構方式必然要取代單一
的土木材料的梁柱結構體系，這也是歷史發展的必然趨
勢。

那麼，如何在新的技術條件下，繼承那些「活著的
傳統」，而拋棄那些「死去的傳統」，從而真正地做到
弘揚民族建築的傳統，做到既尊重傳統，又尊重現實，
創造出一種新形式的建築呢？這首先需要在思維方式和
價值觀念上有一個徹底的更新，才能避免簡單化的做
法：若非完全拋棄傳統，割斷歷史發展的線索；就完全
回到傳統，以新瓶裝舊酒。

於是，我們再度把視線轉向西方近百年的建築的歷
史發展，或許，能給我們提供某種新的啓發。

第二節　從現代主義到後現代主義的西方建築

一、　建築的全面革新

近代工業革命對西方社會生活的各個方面都產生了

巨大的影響，社會生活的許多領域都產生了新的技術。建築也不例外，在近代工業革命的衝擊下，建築業也開始了全面的革新。

首先是社會對建築的需求有了重大的變化。古典建築基本上是為宗教和皇室貴族服務的，故其主要類型都是一些宗教建築、宮殿、別墅以及其他的紀念性建築。新興的資產階級的興起，資本主義生產的發展，無疑對封建勢力和教會都是沉重的打擊。同時，工業生產的進一步發展，商業的繁榮，需要大量的工業性建築和商業性建築，如廠房、火車站、銀行、市場、商店、旅館等等。於是，建築也就很自然地由以宗教性和政治性建築為主轉向了以工業性和商業性建築為主，以適應新的社會生活的需要。新的類型的建築無論是在內部空間上還是在外觀形式上，都有著不同於古典建築的新的要求，因此，建築必須創新，古典建築已不適應新的社會生活的需要。

其次，新的建築材料和技術也對建築業產生了巨大的衝擊。工業革命為建築業提供了大量的新型的建築材料，如鋼鐵、玻璃、水泥等。最初採用的新材料和新技術是生鐵的結構方式，以生鐵鑄造梁柱，這就使得建築在高度和跨度上都有了新的突破，出現了如倫敦「水晶宮」展覽館和巴黎「艾菲爾」鐵塔這樣具有代表性的建築作品。「水晶宮」長度為五百八十三公尺，寬度為一

百二十四‧四公尺，總面積達七萬四千平方公尺；而艾菲爾鐵塔高達三百二十八公尺。這樣大的跨度和高度是古典磚石結構建築所難以達到的。玻璃的運用，也解決了高層建築和大跨度建築的採光問題，電梯與昇降機的採用又解決了高層建築的垂直昇降問題。新的材料和技術爲建築的表現提供了更大的自由。

資本主義社會生產發展的需要，同時又具備了技術上的必要條件，建築必然要走向全面革新，創造出一種不同於古典建築的新的建築藝術形式。

二、　現代主義建築的基本特徵

現代主義建築在本世紀二〇年代和三〇年代達到了其發展的高潮，產生了格羅皮烏斯、柯布西耶、密斯和賴特等著名的現代主義建築大師。這些大師們結合他們自己的建築實踐，對現代主義建築作了充分的論述，儘管他們的設計思想不盡一致，但還是有著基本的共同點。這些共同點也是現代主義建築的一些基本特徵。

首先，其最基本的原則是功能主義的設計原則，這是現代主義建築最重要的特徵。布魯諾‧賽維指出：「按照功能進行設計的原則是建築學現代語言的普遍原則。在所有其他的原則中它起著提綱挈領的作用。」②因此，現代主義建築又被稱之爲「功能主義」或者「理性主義」建築。

　　功能主義的原則主要是針對十九世紀盛行於西歐各國的復古主義和折衷主義建築思潮而提出的。隨著文藝復興和啓蒙運動對古典文化的推崇，在建築思潮上也出現了崇尚古希臘羅馬建築的傾向，復古主義和折衷主義就是這種推崇古典建築傾向的產物。古典建築的樣式被大量地運用於各種類型的建築中，不僅紀念性和公共建築如此，而且大量地以實用為主要目的的建築，如廠房、車站、商業大樓等也披上了古典建築的外衣。在一些以新的結構和材料營造的建築中，古典的柱式、細部的裝飾、立面的構圖甚至是作為一種純「裝飾」形式出現，而與建築自身的結構、功能毫無內在的邏輯聯繫，實際上已成為建築物的多餘的部分。這種復古主義、折衷主義建築因而也就成為一種新的、類似於洛可可式的矯揉造作的建築形式，這樣就不僅僅造成了經濟上的大量浪費，同時也不適應於迅速發展繁榮的資本主義工業和商業的需要。

　　新的建築思潮嚴厲地抨擊了這種形式與功能相脫離的傾向，強調功能主義的設計原則，其中一個重要的目的就是要：「粉碎並且批判地拋棄古典原則，拋棄諸如柱式、先入為主的設想、細部之間的固定搭配，以及各種形式和種類的陳規舊習③。」舊的建築形式已不適應新的功能要求，資本主義社會的發展要求建築必須服務於工業化的社會生產，徹底與古典建築的形式決裂，於

是就形成了著名的「形式服從功能」的口號。格羅皮烏
斯就明確地指出：「物體是由它的性質決定的，如果它
的形象很適合於它的工作，它的本質就能被人看得清楚
明確。一件東西必須在各方面都同它的目的性配合，就
是說，在實際上能完成它的功能，是可用的，可信賴
的，並且是便宜的」，「藝術的作品永遠同時又是一個
技術上的成功④。」密斯也指出：「在我們的建築中試
用以往時代的形式是無出路的」，「必須滿足我們時代
的現代的現實主義和功能主義的需要」，「我們不考慮
形式問題，只管建造問題。形式不是我們工作的目的，
它只是結果⑤。」格羅皮烏斯設計的包豪斯校舍就是典
型地表現了功能主義的設計原則。

與強調功能主義原則相一致，在反對復古主義與折
衷主義的同時，現代主義特別強調建築與工業的結合，
強調建築必須走工業化的道路，這樣就可既經濟又保證
質量，還可以加快建築業的發展，使建築更好地服務於
工業化和商業化的社會。格羅皮烏斯認為，「在一個逐
漸發展的過程中，舊的手工建造房屋的過程正在轉變為
把工廠製造的工業化建築部件運到工地加以裝配的過
程⑥。」柯布西耶在猛烈地抨擊傳統的建築的保守勢力
時，極力歌頌現代工業的成就，歌頌機器對社會生活帶
來的巨大變化，認為建築師應當向工程師學習，他甚至
認為建築是「居住的機器」，從而強烈地表現出建築與

工業相結合的願望。密斯也認為：「我們今天的建造方
法必須工業化。……建造方法的工業化是當前建築師和
營造商的關鍵問題。一旦在這方面取得成功，我們的社
會、經濟、技術甚至藝術的問題都會容易解決⑦。」

其次，建築與工業化的結合，實際上也是強調技術
在建築中發揮著決定性的作用，在建築的技術與藝術兩
者之間，技術決定了藝術的表現。現代主義建築都十分
注重建築結構、材料本身所蘊含的藝術表現力。因此，
現代主義建築在藝術的表現上，是以技術為基礎的，藝
術和技術的關係是互為表裏的關係，因而在美學上可以
稱之為以技術美學為核心的藝術表現。

為了反對復古主義的傾向，現代主義認為美的觀念
不是固定不變的，而是隨著時代的發展而發展的，因而
沒有必要去因襲古典建築表現出的美的形式，而應當創
造出新的符合時代審美觀念的建築。格羅皮烏斯指出：
「歷史表明，美的觀念隨著思想和技術的進步而改變。
誰要是以為自己發現了『永恆的美』，他就一定會陷於
模仿和停滯不前⑧。」「新時代要有它自己的表現方
式。現代建築師一定能創造出自己的美學章法。通過精
確且不含糊的形式，清新的對比，各種部件之間的秩
序，形體和色彩的勻稱與統一來創造自己的美學章法。
這是社會的力量與經濟所需要的⑨。」

創新的第一步是要破舊，現代主義建築傳統的學院

派設計思想的批判集中在兩個方面，一是脫離建築結
構、功能和材料的古典式的裝飾；二是由學院派所總結
出來的一系列古典建築的規則和樣式。由此而形成了現
代主義建築注重材料本身的質感、結構本身所具有的形
體感和空間意識表現的特徵。

　　反對裝飾幾乎成爲現代主義大師們的一致口號。沙
里寧認爲：「裝飾從精神上說是一種奢侈，它並不是必
須的東西。……如果我們能夠在若干年內抑制自己不去
採用裝飾，以便使我們的思想專注於創造不藉助於裝飾
外衣而取得形式秀麗完美的建築物，那將大大有益於我
們的美學成就⑩。」路斯甚至認爲「裝飾是罪惡」。的
確，以古典的法則——如無用的柱廊、雕刻、線腳等—
—作爲新建築的裝飾，不僅與現代主義所強調的功能主
義原則相左，同時也造成了經濟上的巨大浪費。正如布
魯諾・賽維指出的：「現代語言是爲了滿足社會的、心
理學的和人性的需要而產生的，它厭惡奢侈浮華的形式
和爲裝飾服務的頂部結構⑪。」在現代主義看來，「樸
實無華的材料和外表要比缺乏有機結構的、不恰當的裝
飾優越得多⑫。」於是，創造出清晰簡潔的外觀造型成
爲現代主義建築追求的藝術效果。

　　現代主義設計的藝術表現側重於建築造型的面和體
的表現，崇尙顯示功能的結構的美，有意識地簡化建築
的外觀造形。早在一八五九～一八六〇年由建築師魏布

設計的威廉‧莫里斯的住宅「紅屋」就已顯示出這一傾向：其外觀結實寬敞，外牆是由當地出產的紅磚做成，不加粉刷，一反古典主義建築外面的過分的裝飾；同樣地，其平面根據功能需要而設計成L形，而不是一味地摹仿古典建築對稱式的構圖，這樣，外觀準確地反映出其內部的功能。我們看到，後來的現代主義建築基本上是按照這一方式進行的，無論是柯布西耶的設計，還是格羅皮烏斯的包豪斯校舍的設計，都體現出這一特點：這裏，沒有古典建築中常見到的各種裝飾，如雕刻、繪畫、噴泉、線腳等，藝術的表現與功能、材料結合在一起，藝術的表現再也不是附加的游離於建築之外的各類裝飾，而是透過材料、形體以及建築的要素，如門、窗、牆、柱等來取得藝術效果的。

根據功能、材料與藝術表現相結合的原則，現代主義建築創造了一套與古典主義建築相對立的藝術表現手法。它具體表現在：

第一，自由的連續空間的形成。在古典建築中，由於牆體起著支撐建築重量的作用，因而牆體所分割的空間是一種單一的並列空間。而現代建築由於採用了鋼筋混凝土的框架結構，建築的重量由承重的骨架支撐，於是承重牆消失了，也就形成了更加自由的內部空間。如柯布西耶設計的薩伏伊別墅，就是根據框架結構的特點，形成了複雜的內部空間。

　　第二，追求一種不規則、非對稱的構圖和布局。古典主義建築在其立面構圖和平面布局上，嚴格地遵循規則的對稱原則，即圍繞某一中心體或中心點來加以展開。這種規則性的構圖嚴重地束縛了功能的表現。現代主義建築則明確地追求一種不規則的構圖。它採用多軸線、多中心的方法，而非單一的軸線或中心，使得建築的構圖和布局更加趨向自由。柯布西耶就把「自由的構圖」作為新建築的一個重要特點。但這種非規則、非中心的構圖又不是混雜無序的，它通過對比、形體、和整體風格的一致性來把這些非對稱的各部分重新構成一個整體，因此，它表現的是一種「非規則」的規則。

　　第三，時—空一體化。現代建築追求的是一種變化的視點和變化的空間。在古典主義建築中，由於採用了繪畫和雕刻所運用的三度空間透視法，因此，建築的空間基本上是一種靜態的空間，人們是從一個固定的視點去觀賞對象的。而現代主義建築則是追求一種移動的變化的視點和動態的空間。從建築的外觀造型來看，建築的立面構圖再也不是圍繞某一個中心點展開（在古典建築中，中心點或中心體也就是透視點），人們的視點隨著建築的面和體的變化而不斷地移動；從內部空間來看，內部空間再也不是靜態並存的空間，而是充分地考慮到人活動的連續性的持續動態空間，根據不同的功能把它們聯結成為一個動態的有序空間。

總之，現代主義對古典主義法則的批判，以及它自己創立的一套新的建築原則，應該看作是資本主義社會發展的必然產物，是有其合理性的一面，相對於古典主義而言是一大進步。但它也存在著嚴重的不足。隨著資本主義步入後工業化社會，社會經濟、文化觀念的發展，使人們逐漸地對過分強調功能原則而風格單一的現代主義產生了反感，而新興的後現代主義則又以一種新的批判者的姿態出現在西方建築的歷史上。

三、　走向後現代主義

從古典主義到現代主義的發展，是一個極端化的過程，也就是說，現代主義在批判古典主義的時候，是以全面批判的姿態出現的，是從一個極端發展到另一個極端。按照辯證法的歷史發展觀來看，現代主義的這種極端化的態度本身就意味著它自身也不是一個合乎理性的存在，而是片面的、不完全的形式，因而它也就必然要被後現代主義所否定。

現代主義自身的嚴重不足，實際上在它的晚期已為現代主義大師們所意識到。格羅皮烏斯和柯布西耶在後期的建築生涯中都有不同的矯正。格羅皮烏斯後來認為建築對「人類心靈上美的滿足比起解決物質上的舒適要求是同等的甚至是更加的重要。」⑬二次大戰以後的柯

布西耶也從過分注重功能原則而轉向對建築的形式的重
視，從注意發揮現代工業技術在建築中的作用而轉向注
重地方的民間建築經驗。可以說，他們都注意到現代主
義的偏廢，並試圖作出修正。但由於種種的原因，他們
都還不可能跳出他們早年設計思想的框架，這一轉化過
程的完成，是由後現代主義者來實現的。

　　同現代主義者一樣，後現代主義也是從批判中建立
起自己的美學原則的。在後現代主義者看來，現代主義
建築至少有以下的嚴重不足：首先，它過分地強調了建
築的物質功能，而忽視了人的全面要求，即建築不僅僅
要滿足人的功能要求，同時它還必須是作為藝術的對
象、審美的對象而存在的，要滿足人精神方面的要求，
在後現代主義者眼裏，現代主義建築是冷冰冰的、無人
性的。現代主義反對裝飾，也就失去了建築藝術表現的
一個重要手段，因而，裝飾是建築藝術表現的重要內
容。其次，現代主義批判復古主義，進而完全否定建築
的歷史主義，割斷了現代化建築與古代建築之間的聯
繫，因而也就忽視了文化作為整體的連續性，忽視了設
計思想的連續性。再次，現代主義建築是單一的風格，
否定了風格的多樣化和民族化。由於現代主義建築的藝
術表現是以廣泛的共同技術作為基礎的，任何國家、任
何民族都可以運用相同的技術。這種普遍的技術方法必
然會導致產生一種普遍相同的建築。因此，現代主義建

築是一種無差別的、風格統一的建築，這也就是所謂的
「國際風格」，於是建築就變成了統一的工業產品。風
格的統一也就是風格的單一，實際上這種單一的風格窒
息了建築藝術創造的活力。

在對現代主義建築原則的批判中，後現代主義建立
了自己的建築原則。美國建築師文丘里這樣說：

> 建築師們再也不要被清教徒式的、正統的現代
> 主義建築的說教嚇唬住了。我喜歡建築的「混雜」
> 而不要「純種」，要調和折衷而不是乾淨單純，寧
> 要曲折迂迴而不要一往直前，寧要模稜兩可而不要
> 關連清晰，既反常又無個性、既惱人而又有
> 趣，……。我愛「兩者兼顧」，不愛「非此即
> 彼」、非黑即白；是黑白都要，或者是灰⑭。

文丘里的這段話被視爲後現代主義建築的綱領和宣言，
後現代主義的一些主要原則都是與這一精神相符的。

第一，歷史主義

詹克斯把歷史主義看作是「P. M.(Post Modern-
ism 後現代主義）的肇始」。所謂歷史主義，也就是強
調歷史風格與現代建築的結合，即詹克斯所說的「二種
代碼兼具的精神分裂式特徵」⑮。在現代建築中融進了
古典建築的樣式。這裏，我們藉助曾昭奮先生對斯特林

設計的斯圖加特美術館的描述，來看一看後現代主義建築的這一特徵：

> （斯圖加特美術館）是那樣夾生、混雜，又是那樣撩動人心。這裏有古羅馬競技場式的圓形雕塑展覽庭院和埃及神廟的凹曲的房檐，又有構成派的鋼和玻璃組成的兩罩和蓬皮杜中心式的暴露的管道。既有阿爾托晚期風格的扭曲的玻璃外牆，也有柯布西埃（注：即本書前文所指的柯布西耶。）早期風格的平面設計。高技派的鮮紅色鋼管（作爲欄杆扶手）與厚重的大理石牆碰撞在一起，精美的雕像和著意擺佈的廢墟在互相傾訴。新、舊、正、反，各種符號雜然並陳，不同信息同時襲來，各種片斷和情節的蒙太奇拼接，儼若一部意識流小說，展現著半現實、半夢幻的既古老又現代的意境⑯。

第二，地方風格

在詹克斯看來，後現代主義的雙重譯碼還包含了大眾譯碼與現代譯碼的統一。也就是大眾所了解的、通俗易懂的民間風格與現代建築的統一。這也可以被視之現代建築與民族風格、地方風格的統一。在這方面，日本的後現代主義建築取得了巨大的成功，黑川紀庫的「灰色建築」（後詳）與磯崎新設計的筑波新城的市民中心

就是典型的代表。在筑波中心，「西方古典的石頭建築與東方的汩汩流泉相映成趣，米開朗基羅的優美圖案和日本的古代神話構成了橢圓形公共廣場的主旋律。」⑰在這裏，古典的與現代的、西方的與民族的既對立又和諧地統一在一起。

第三，隱喻

後現代主義把語義學引進到建築藝術中，認爲建築是一豐富的信息載體，應該向人們傳播廣泛的信息。於是，建築的隱喻就成爲後現代建築的一個重要特徵。在後現代主義建築中，各種不同的符號，建築要素都是透過隱喻以及象徵等抽象的手法來加以組合的。

格雷夫斯的建築就大量地採用了隱喻的手法。在後現代主義者看來，建築具有雙重的意義體系：表徵的涵義和深層的涵義。其表徵涵義是指功能、結構、技術等因素，其深層涵義則是指文化象徵。例如在格雷夫斯的建築中，建築的元素總是象徵著某種自然界的物體，如曲線象徵海洋、樹梢，拱象徵天空，柱象徵樹等等，從而在總體上象徵著向自然復歸的文化意義。

後現代主義的發展歷史較短，其現狀也十分複雜。產生了一批優秀的作品，同時也產生了一些非理性主義的、玩世不恭的建築作品。但它畢竟是對現代主義建築的一個合乎邏輯的否定和揚棄。雖然其發展還有待於進一步的觀察，但無疑它代表了一種新的發展趨勢。

第三節　中國傳統建築走向現代化的方向

　　總觀中西建築藝術的歷史發展，不難發現，建築美的創造，必須遵循兩項基本原則：首先是技術和功能的原則。也就是說，任何建築在藝術表現上都必須與特定的材料和結構技術相統一，必須考慮到滿足社會生活的需要。社會生活的變革，技術的革新，都將會導致建築在藝術表現上的創新；其次是精神的原則，也就是建築必須提供一個人居的環境，它必須考慮到人精神生活的各個層面的需要。正如地球爲人類的生存和發展提供了必要的環境條件一樣，建築也是人類賴以生存的必要環境，同時它又是一個詩意的環境，文化的環境。故此，人類對環境需要的改變，也終將導致建築形式的改變。根據這樣兩項基本原則來考察中國傳統建築，顯然地，傳統的四合院式的建築在許多方面已無法適應上述的兩個基本原則。第一，它無法滿足現代工業、現代社會生活對大面積的內部空間的需求；第二，傳統建築中所體現的封建倫理觀念、等級秩序也有悖於現代人的精神生活。中國建築必須在繼承中創新，向現代化形式發展，

以適應現代化發展的需要。這種發展，既不是「傳統」
的現代翻版，也不是割斷歷史的橫向移植。而是要站在
現代社會文化的角度，去審視傳統，使傳統建築中富有
生命力的精華得以繼承和光大；同時它還要借鑑域外建
築的成功經驗，從而在傳統與現代、民族與世界的聯繫
中尋找出一條走向現代化的道路。從某種意義上來說，
要完成這種發展，首先必須完成建築的文化觀念、哲學
意識、歷史意識、審美意識和價值觀念的發展。只有在
現代與傳統、民族與世界的相互聯繫的文化背景下去審
視傳統建築，才能眞正地完成這一繼承和創新的任務。

　　考察當代世界文化發展的新潮流以及西方現代、後
現代派建築，我們認爲，完成、實現這一創造性的發
展，是完全可能的。

一、　整體的文化觀念：在傳統與現代、民族與世界文化之間尋求聯繫

　　二次世界大戰以後，世界文化的發展開始了一個新
的歷史階段。首先是文化中心論的破產，出現了新的整
體文化觀念。早期的文化觀念認爲，人類的文化是起源
於一個中心，然後由這一中心向世界各地傳播的，而且
文化的發展也祇有一種模式。這種文化觀念，在各民族
的文化史上都有所表現，即「本民族文化至上論」，如

歐洲文化中心論，中國文化中心論等等。文化中心論明
顯地是一種封閉意識、自我中心價值觀的產物，它勢必
會導致以非科學的態度去對待域外文化，進而影響到不
同民族的文化之間的互相交流和滲透。而近幾十年來的
文化學理論則認為，世界文化本身的起源就是多元的，
考古學就證明歐洲文化與中國文化就是源於兩個不同的
發源地。同時，不同民族的文化總是與該民族的社會、
經濟、宗敎、倫理道德、藝術等等相適應的，都有其存
在的合理性和存在的價值。因此，各民族文化都有著自
身的獨特性，這種民族文化的獨特性恰恰構成了該民族
文化對世界文化的貢獻，世界總體文化就是由這些不同
的民族文化共同構成的。從這一觀點出發，文化的民族
性比以往任何時候都要受到重視。另一方面，由於現代
科學技術的飛速發展，使得各民族文化再也不是處於一
種相對封閉的狀態之中，文化之間的交流和滲透已成為
世界文化發展的必然趨勢。再者，當今世界所面臨的主
要問題往往都是一些全球性的問題，如和平、人口、生
態環境、發展等等，不同民族的文化都無可迴避地面臨
著這樣一些問題。如此，又使得民族文化的發展日趨整
體化和世界化。由此也就構成了當代世界文化發展的一
個新的重要特徵，即世界總體意識與民族意識之間的結
合，也就是要尋找民族文化與世界文化之間的聯繫。

　　現代文化學對待「傳統」這一概念也有了新的理

解，不同於以往，把傳統視爲一種過去的、已定型的東
西，對待傳統文化因此也相應地簡單地採取或全部肯
定、或全盤否定的態度。我們知道，在西方文化史上，
新文化的創立，總是建立在對已有的文化傳統全盤否定
的基礎上的。尼采就是典型的一例，他宣稱「上帝死
了」，要求「重新估價一切」，就是對西方近代基督敎
文化傳統的全盤否定。與此相反，現代闡釋學則對傳統
作出了令人耳目一新的理解。在哲學家海德格爾看來，
任何存在都是在一定的時間和空間條件下的存在，超越
自己的歷史環境之存在是不可能的。因此，不存在絕對
的恆定不變的意義，歷史的距離使得過去的東西在新的
時代獲得了新的意義。闡釋學大師伽達默爾指出：「傳
統並不只是我們繼承得來的一宗現成之物，而是我們自
己把它生產出來的，因爲我們理解著傳統的進展並且參
與在傳統的進展之中，從而也就靠我們自己進一步地規
定了傳統⑱。」這樣，傳統再也不是一個僵死不變的文
化包袱，它不應該成爲新文化創造的阻力，相反地，它
爲新文化的創造提供了必要的條件。對傳統的繼承，也
就是要根據此時此地的社會條件對傳統進行重新闡釋、
重新選擇和發現的過程；文化的創新，一個重要的方面
就是要重建傳統，實現對傳統的創造性轉化。於是，現
代文化學理論又使得傳統與現代之間實現了溝通。

　　最後，我們還要提及現代文化學理論中的「整合」

這一概念。爲了反對文化中心論，文化功能學派提出了「整合」這一重要概念。即認爲外來文化必須經過「整合」才能與本民族文化融合爲一體。所謂「整合」，也就是一種創造性的轉化。整合不僅僅適用於對外來文化的吸收和滲透，同樣地，也可以適用於對傳統文化的繼承和創新。這樣，現代文化學理論在世界與民族、傳統與現代之間建立了新的有機的聯繫。傳統文化觀念中，那條存在於民族與世界、傳統與現代之間的深深的鴻溝消失了。

　　文化觀念的變化，實際上也是思維方法和價值觀念的更新。新的思維方法再也不是一種單一的、純粹的方式，不去一味地追求明晰性、統一性和完整性。如果說傳統的思維方式更側重於收斂式的和封閉式的，而現代思維則更側重於發散性的和開放性的，因而它容忍模糊性和多義性。同樣地，新的文化價值觀念也是開放性的。文化中心論實質上也是價值上的自我中心論，其價值取向是單一的。文化中心論神話的破滅歸根到底是價值中心論的破滅。新的文化價值觀使人們能夠採取比較公允而客觀的態度去對待傳統和域外文化，於是，文化發展的連續性和總體性也就由可能變成了現實。美國學者金·萊文在其〈告別後現代主義〉一文中，對後現代主義有如下的總結：

　　後現代主義不是純粹的。它引用、純化、重複
過去的東西。它的方法是綜合的，而不是分析的。
它充滿懷疑，但不否定任何東西。它容忍模糊性、
矛盾性、複雜性和不連貫性。其意蘊不同，範圍廣
泛。它模仿生活，容納粗糙和不成熟，採取業餘愛
好者的態度[19]。

不難看出，後現代主義的這些特徵與西方現代文化學理
論發展不無切合之處。這種新的文化觀念，實質上為實
現建築的繼承、創新和借鑑提供了觀念上的基礎。

二、　西方現代、後現代派建築的啟示

　　我們認為，西方現代主義和後現代主義建築既是西
方建築歷史一種必然的邏輯發展，同時也是西方資本主
義社會的政治、經濟、文化發展的歷史產物[20]。它畢竟
不同於古典主義建築，它是在更為廣泛的文化交流和滲
透中產生的，在一定的程度上體現了新的文化觀念。後
現代主義大師克雷夫斯曾作過這樣的表白：

　　　我對後現代主義的興趣——實際上也是大多數
嚴肅建築師們的興趣——就是建立在對我們文化全
面的興趣之上。現代主義者認為我們必須把鋪屋頂

石板擦乾淨，然後開始用我們時代獨特的全新詞匯
進行設計。相比之下，後現代主義者則認爲持續了
幾千年的建築傳統的語言應該與現代主義的敎訓一
起出現在設計者的調色板上㉑。

顯然，這裏他是把建築看作其自身和文化歷史發展的整
體的一個部分。在這裏，我們想結合賴特的「有機建
築」和日本戰後的「灰色建築」這兩大流派，來談談西
方現代派和後現代派建築所給予我們的啓示。

現代主義建築強調功能主義的原則，強調形式與技
術的完美統一，要求把建築、技術與工業結合起來，這
適應了工業化社會發展的歷史進程，現代主義建築因此
對社會歷史的發展做出了貢獻。對於任何一個希望加快
自身工業化發展進程的國家來說，現代主義的這條經驗
都是不容忽視的。但是，現代主義的單一的形式，單一
的風格，過分地強調物質功能，而忽視了建築作爲人居
環境所產生的精神作用，忽視了建築作爲藝術的特徵，
同時，統一而單調的風格也是對自然環境的極大的漠
視。這些，可謂現代主義建築的嚴重不足。而強調建築
的人本主義精神，強調建築與自然環境的結合，恰恰是
中國傳統建築的一大特色。從理論上來看，中國傳統建
築的設計思想可以與西方現代主義設計思想形成互補。

在西方現代主義建築中，賴特的「有機建築」理論

是一個特例。「有機建築」十分注重建築與自然、建築空間的有機統一。在賴特看來，自然界是有機的，建築師所設計的建築物就應當像植物植根於自然界一樣，與自然環境融合為一個整體。「有機」的觀念也就是整體的觀念，它「表示是內在的──哲學意義上的整體性，在這裏，總體屬於局部，局部屬於總體；在這裏，材料和目標的本質、整個活動的本質都像必然的事物一樣，一清二楚㉒。」這種總體的觀念有兩個方面的涵義：一是指建築與自然的結合，「建築應該是自然的，要成為自然的一部分㉓。」其典型代表是賴特設計的「流水別墅」，在這裏，建築與自然達到了高度完美的統一，建築成為自然景觀的有機組成部分。另一方面是指建築空間的整體性，「空間與生命同在，空間是生命的一分子㉔。」在賴特設計的作品中，建築的內外空間融會貫通，空間的形式靈活多變。

與其他的現代派大師的建築設計相比而言，賴特注意到建築與自然環境協調，因此，他的建築雖然採用了現代的結構技術和材料，但卻不落一般現代主義建築的窠臼，能另闢蹊徑，走出了一條新的道路，避免了一般現代建築所具有的單調，缺乏個性的不足。令人感興趣的是，賴特本人認為他的建築與東方建築有相似之處。他曾這樣說過：「有人認為我的建築有東方性。我的建築確實近乎東方，因為我的哲學思想，往深裏說，是東

方性的。西方不了解道家思想，也不想去了解它㉕。」
賴特十分推崇老子的哲學思想：「老子說出來了，我卻
把它蓋出來了㉖。」的確，當我們把賴特的設計思想與
中國傳統的建築，尤是道教建築所體現出的設計思想加
以比較時，從中不難發現兩者之間的共同之處。賴特的
成功至少可以告訴我們，現代建築的技術與我們民族傳
統建築的設計思想並不是水火不相容的，兩者完全可以
結合起來，使我們在運用現代建築的結構技術和材料的
同時，可以兼顧到傳統建築設計思想的精華，從而使兩
者之間達到完美的結合。

　　如果說賴特的建築作品所涉及的領域比較窄小，多
侷限於別墅和小型住宅之類的，那麼，日本近幾十年建
築的發展則為我們展示了另一種新的風貌。我們知道，
歷史上日本的文化深受中國文化的影響，建築也不例
外。但在日本的現代化發展過程中，日本的建築界注意
到如何把借鑑、繼承和創新結合起來，並且取得了令世
人矚目的成就。正如查爾斯‧詹克斯指出的：

　　　　六〇年代前川國男、丹下健三、菊竹清訓、黑
　　川紀章等人的作品，基本上是柯布西耶式句法納入
　　民族和傳統的元素。外伸梁頭、斗拱、神社門、柔
　　和的曲線、斜伸的支柱以及不事粉飾的施工表面─
　　所有日本木結構建築藝術的特色都用到了鋼筋混凝

土上，緊湊地放到一塊。柯布西耶開創了這種立體派拼鑲方法。而日本人以他們傳統的非對稱平衡的禪宗美學觀點，常常把這一特點表達得精煉而高雅。到處應用野性主義材料表達手法，但仍然像茶道室那麼雅緻（儘管用的是著色的混凝土）㉗。

如果說此時的日本建築還被詹克斯稱之為「對傳統猶疑不決」的半後現代主義的話，那麼，以黑川紀章為代表的「灰色建築」則是從總體文化的反思的高度，把傳統與現代、民族與世界統一起來。

　　「灰色建築」是在對日本傳統文化和世界文化發展的總結基礎上提出的一種具有強烈後現代主義色彩的建築理論。黑川紀章提出了一種名為「共存哲學」的觀念。所謂「共存」，包括兩個方面的涵義：第一，是指世界性各相異文化的共存，發掘各相異文化的新價值，使之相互影響從而發展成為國際性的文化；第二，是指建築的外部環境與內部空間的共存，從而發展成為一種新的體系的空間觀念，創造出合乎生態學、經濟學原則的世界性建築語言。在這種哲學意識的指導下，黑川紀章把日本傳統文化的特點歸結為「灰調子文化」。所謂「灰」，從色彩上來看，它不像黑與白那樣對立而鮮明，它代表了一種過渡性、調和、折衷以及含蓄。這種文化傳統體現在建築上，就是十分注重「中間領域」的

作用，也就是在各對立的元素之間形成一個具有緩衝作用的第三元素，它使得對立的兩元素能夠和諧共存。因此，「灰」也就是多種曖昧元素之間的相互調和，是對立元素衝突之後所形成的一種共存性和連續性。可以說，「灰色理論」是一種具有日本民族特色的後現代主義建築理論。

實際上，不僅是黑川紀章的「灰色理論」對繼承、借鑑與創新這一問題的認識達到了相當的高度，在其他的日本建築師那裏，也都注意到這一問題，無論是磯崎新設計的筑波新城市民中心，還是丹下健三設計的東京奧運會體育館、香川縣廳舍等，都明顯地表現出傳統與現代相結合的努力。這些作品都成為公認的後現代主義建築的代表作。

日本建築成功地把傳統與現代、民族與外來的建築形式結合起來。其成功的一個重要原因就在於它是深深地植根於本民族傳統之中。它雖然也是後現代主義建築，但不是西方式的後現代主義，它的根不在古希臘羅馬，而是紮根於自己的民族傳統之中。相反地，如果拋棄自己的民族傳統，至多也祇是步西方後現代主義之後塵，也就不可能形成自己的特色，也就不可能對世界建築藝術的發展作出自己應有的貢獻。這或許可以看作是日本現代建築的發展給我們的一個重要啟示吧。

三、　中國傳統建築的創造性發展

中國建築向何處去？顯然，固守傳統是沒有出路的。這是一個十分迫切的問題，它不僅僅是一個設計思想上的問題，同時它還是一個文化觀念的問題；不僅僅是一個實踐問題，同時它還是一個重大的理論問題。西方和日本現代建築的發展告訴我們，在傳統與現代、民族特色與世界性建築語言之間並不存在著非此即彼的截然對立，現代的建築材料和結構技術完全可以與民族的、傳統的設計思想相融合，從而創造出一種具有歷史連續性，民族特色的新的建築藝術風格。

總觀近年來建築的實際創作，以及關於建築觀念問題的討論，就其總體傾向上來看，不能不說，我們對這一問題的認識還是處在一個較低的層次上，基本上是圍繞著古典主義（以不同的形式表現出來的），現代主義和後現代主義這三個方面來展開的，似乎捨此三條道路，就別無它路可走。這實際上就把自己放在了西方建築發展的後邊，在別人走過的路中去選擇一條，而極少去考慮自己如何闖一條新的道路來。這就等於作繭自縛，把自己的視野封閉起來，是一種單一的思維方式和價值觀念的表現，最終也就無從談起對傳統的再創造了。

　　要改變這種現狀，就要在建築的觀念上來一個徹底的更新，而建築觀念的更新首先又要取決於文化觀念的更新。因爲任何的設計思想都是一定的哲學意識、文化觀念的體現。文化觀念的更新，首先就要求我們破除文化中心論，從單一的思維方式和價值觀念中解脫出來，我們才可能科學地重新認識我們民族建築中的優秀傳統，以及西方的各種建築流派，從中發掘出新價值，走出一條自己的路來。這樣，對傳統的認識才可能做到既不「敝帚自珍」又不「貴遠淺近」了。

　　美籍華裔學者林毓生先生在其《中國意識的危機》一書中，曾提出對「傳統的創造性轉化」這一概念。林先生認爲，我們既不能簡單地全盤否定傳統，也不能抱殘守缺，固守傳統不放。新的文化的創造必須是對傳統文化的「創造性的轉化」，也就是說要把中國傳統文化中的一些價值和符號加以改造，使經過創造地轉化的符號和價值，變成有利於變遷的種子，同時在變遷過程中，繼續保持文化的認同㉘。實際上，日本的「灰色建築」就可視爲對傳統的一種「創造性的轉化」。聯繫到前文所講的新的文化學觀念，林先生的這一思路對中國建築的創新，不無啓示。我們相信，一種既適應現代生活需要，又能夠對傳統實行「創造性轉化」的新型中國建築一定能夠誕生。

◈注釋◈

① 中國古代建築不論是宮殿建築，景區宗教建築，還是文
人士大夫的園林建築，幾千年來，它們無論是建築材料
還是建築結構都沒有發生根本性的變革，但這並不意味
著中國古代建築沒有發展、沒有進步，而是以其獨特的
建築風格、審美趣味立於世界建築之林，為世人所矚
目！

②③ 布魯諾·賽維：《現代建築語言》第7頁，中國建築
工業出版社，1986年版。

④⑤ 轉引自《外國近現代建築史》第77頁、第91頁，中國
建築工業出版社，1982年版。

⑥⑦ 轉引自《外國近現代建築史》第75頁、第91頁，中國
建築工業出版社，1982年版。

⑧⑨ 轉引自《外國近現代建築史》第75～77頁、第70頁，
中國建築工業出版社，1982年版。

⑩⑫ 轉引自[英]尼古拉斯·佩夫斯納：《現代設計的先驅
者》第9～10頁、第10頁，中國建築工業出版社，1987
年第1版。

⑪ 布魯諾·賽維：《現代建築語言》第37頁，中國建築工
業出版社，1986年版。

⑬ 轉引自《外國近現代建築史》第77頁，中國建築工業出

版社，1982年版。

⑭ 轉引自《讀書》1989年第10期第79頁，三聯書店版。

⑮ 詹克斯：《後現代建築語言》第51頁，中國建築工業出版社，1986年版。

⑯ 曾昭奮：〈一幢建築就是一本書〉，《讀書》1989年第10期，三聯書店版。

⑰ 曾昭奮：〈一幢建築就是一本書〉，《讀書》1989年第10期，三聯書店版。

⑱ 轉引自《讀書》1986年第2期第6頁，三聯書店版。

⑲ 轉引自《文藝研究》1988年第5期第158頁。

⑳ 關於西方文化從現代主義到後現代主義發展的邏輯關係，美國學者傑姆遜有較詳細的分析。參見其《後現代主義與文化理論》一書。陝西師範大學出版社，1987年版。

㉑ 克雷夫斯：〈後現代主義是否已窮途末路？〉，《裝飾》1989年總41期。

㉒㉓ 轉引自《外國近現代建築史》第105～106頁，中國建築工業出版社，1982年版。

㉔ 轉引自賽維：《現代建築語言》第40頁，中國建築工業出版社，1986年版。

㉕㉖ 轉引自《建築學報》1987年第1期第68頁。

㉗ ［英］查爾斯‧詹克斯：《後現代建築語言》第54頁，中國建築工業出版社，1986年版。

㉘詳見［美］林毓生：《中國意識的危機》，貴州人民出版社，1988年第1版。

當代美學叢書　6

中西建築美學比較研究

作　　　者／余東升
責任編輯／方林萍
封面設計／紅兒工作室

發　行　人／薛慶憙
發　行　所／洪葉文化事業有限公司
　　　　　　登記證：局版台業字第5509號
　　　　　　地　　址：台北市和平東路二段357巷3號1樓
　　　　　　電　　話：(886 2)754-9744
　　　　　　傳　　真：(886 2)754-9659
　　　　　　劃　　撥：1630104-7　洪有道帳戶
門　市　部／電　話：736-2544

排　版　所／辰皓電腦排版有限公司
版　　　次／1995年12月初版一刷
ISBN：957-8677-83-9

定價　280　元　　　◎如有缺頁、破損、倒裝請寄回更換

國立中央圖書館出版品預行編目資料

中西建築美學比較研究／余東升著. -- 初版.
-- 臺北市：洪葉文化，1995〔民84〕
　面；　公分. --（當代美學叢書；6）
ISBN 957-8677-83-9（平裝）

1.建築 - 哲學，原理 - 比較研究

920.1　　　　　　　84010680